Les plus beaux poèmes
sur la mer

W0367886

DU MÊME AUTEUR

ESSAIS

Promesses de l'atome,
(Fayard, en collaboration avec Jean Le Chatelier).

Le Nouvel Homme et la mer,
(Mengès ; Club Hachette ; François Beauval ; Livre de Poche. Grand Prix de la Mer).

ROMANS

Comme la vague offerte,
(Gallimard. Prix Wolmar de l'Académie française. Prix des Trois Couronnes).

CHRONIQUES

Une plume à la mer,
(Alréa).

Un océan dans l'encrier,
(Hérault).

De l'eau salée entre les lignes,
(Hérault).

POÉSIE

La Mer et ses poètes
(le cherche midi éditeur, anthologie)

Les Margelles du temps,
(Saint-Germain-des-Prés. Recueil de poèmes. Prix Corail).

Les Solitudes habitées,
(Saint-Germain-des-Prés. Recueil de poèmes. Grand Prix de la Maison de poésie de Paris. Prix Bouscatel de l'Académie française).

APHORISMES

Les cent un propos d'un gardien de phare,
(le cherche midi éditeur. Prix Bretagne).

Les deux cent deux propos d'un irrévérencieux,
(le cherche midi éditeur).

MÉMOIRES

Ce siècle avait de Gaulle,
(Éditions Ouest-France).

YVES LA PRAIRIE

Les plus beaux poèmes sur la mer

ANTHOLOGIE

COLLECTION « ESPACES »

le cherche midi éditeur
23, rue du Cherche-Midi, 75006 Paris

© le cherche midi éditeur, 1993,
pour le choix, la présentation et la préface

« L'Éternel fit lever le souffle de la tempête, et voici que montèrent les vagues de la mer...
Puis il remit la tempête dans le calme, et les ondes firent silence. »

Psaume 107

INTRODUCTION

LES POÈTES ET LA MER

Le poète est, par essence, un écrivain sans frontières. Il s'aventure au-delà de l'accessible. Jamais arrivé – sinon il ne serait pas poète – il cherche, il explore. Il sait, lui, que tout reste à inventer, que le monde renaît chaque matin.

Le poète que fascine la Mer, et qui s'essaie à dire et chanter ses lumières, ses calmes et ses emportements, agrandit encore son propre espace de rêve et de méditation puisque la Mer est tout à la fois symbole d'infinité, d'éternité et de mystère.

Mer et Poésie se sont intimement mêlées au fil des siècles : parce que toutes deux, accessibles à chaque homme en particulier, savent lui apporter mille visions différentes ; parce que toutes deux recréent pour nous à chaque instant l'horizon, le ciel, l'amour, l'offrande, la mort ; parce que toutes deux, simultanément source et miroir, nous renvoient le reflet de notre propre image.

Voulant un jour exprimer que, devant la mer, le pêcheur et le plaisancier, le plongeur professionnel et le croisiériste de paquebot, le baigneur et le cosmonaute, ne peuvent éprouver les mêmes sensations, le poète Antony Lhéritier s'est écrié : « Chaque homme a sa mer. »

Surtout, chaque poète a la sienne.

Les poètes qu'il m'a plu de rassembler dans ce livre ont en effet chacun leur lorgnette personnelle.

Cela est assez naturel.

La Mer du Nord des poètes flamands, la Manche des Normands, la Mer Bretonne, le Golfe de Gascogne, les eaux méditerranéennes, les immensités tropicales, déterminent déjà les clivages qui se reconnaissent à la première lecture des œuvres de nos auteurs.

Les siècles fournissent aussi leurs marques : les terreurs éprouvées par les écrivains d'il y a huit ou dix siècles – océans déchaînés, abysses tragiques, monstres marins, sirènes diaboliques – ont peu à peu cédé la place à des approches lyriques, épiques ou romantiques. Les mythes, le sacré, le surréalisme s'en sont mêlés. Depuis peu, des poètes s'affligent des mauvais traitements que l'homme réserve à la mer, par ses déchets et ses pollutions.

Certains marins-poètes sont de vrais navigants. Ils savent de quoi ils parlent, ils ont le mot juste : c'est le cas de bourlingueurs comme Marcel Thiry, Louis Brauquier ou José Gers. Mais il en est bien d'autres qui, sans être des hommes de mer professionnels, ont consacré des recueils entiers à des poèmes qui chantent la mer : de Verhaeren à Supervielle, de Saint John Perse à La Ville de Mirmont, de Luc Estang à Antony Lhéritier.

D'autres encore, marqués à vie par une ou plusieurs traversées en haute mer, ont tenu à en témoigner, tels Baudelaire, Lautréamont ou Loÿs Masson.

Des poètes de rivages, des poètes d'îles, des poètes de voyages exotiques, on le découvrira au fil de ces pages, n'ont pas moins bien senti que leurs frères marins les multiples facettes de notre planète bleue : mer matricielle ou mer nourricière pour les uns, mer des légendes pour d'autres, et encore mer des solitudes, mer de tous les arts, mer du départ et du retour, mer enfin de l'indifférence souveraine.

Des poètes contemplatifs ont enrichi leur recherche spiritualiste ou mystique. C'est pourquoi le lecteur pourra faire un bout de route avec Patrice de la Tour du Pin,

Jean-Claude Renard, Charles Le Quintrec. Avec bien d'autres encore.

N'oublions jamais que « L'Odyssée », traversant les siècles et les continents, demeure le phare inégalé de toute la littérature océane.

Mais, ayant banni de cette sélection toutes les traductions quelles qu'elles soient, je me suis tenu fermement à cette exclusivité de l'écriture française.

*

Il me faut aussi répondre par avance à une observation que le lecteur ne manquera pas de faire puisqu'elle saute aux yeux : comment se fait-il qu'un dixième seulement des poètes retenus dans cette sélection couvre près de huit siècles de poésie française, tandis que les neuf dixièmes appartiennent aux XIXe *et* XXe *siècles ?*

Je plaiderai non-coupable.

Ainsi, dans l'ouvrage de Charles Le Goffic de 1928, dans celui (non réservé aux seuls poètes) de Théophile Briant de 1951, dans le petit folio-junior de Gallimard La Mer en poésie *(1980), les mêmes proportions se retrouvent : c'est parce que nos chers Rutebeuf, Villon, Marot, Maurice Scève, ou encore Ronsard, Louise Labé, La Boétie, Scarron, Boileau, La Fontaine, Florian, et bien d'autres auteurs des siècles passés, n'ont guère été intéressés par la mer. Qu'y pouvons-nous ?*

À vouloir à tout prix rétablir un relatif équilibre, nous nous serions privés – c'eut été fort dommage – d'un trop grand nombre de très beaux textes de poètes du XIXe *siècle, et de la riche floraison que nous apportent nos poètes contemporains.*

Cette sensibilisation au monde maritime, de plus en plus marquée, s'explique assez, sans qu'il soit nécessaire d'y insister, par la généralisation, depuis les grandes expéditions du XVIIIe *siècle, des voyages transocéaniques, puis par la vogue des bains de mer, des croisières et des courses à la voile, de la plongée, des sports marins, de la thalassothérapie, de l'écologie marine.*

L'homme de mer que je suis ne peut que se réjouir d'assister à l'éclosion sans précédent de tant de talents désireux de comprendre et de dire la mer. Mais il m'a fallu souvent opérer des choix difficiles.

Puisse cette sélection permettre d'exaucer mon vœu le plus cher : celui de donner l'envie au lecteur de plonger plus profond dans les œuvres complètes *de chacun des grands « dérouleurs de vagues et pourfendeurs d'horizons », qui se trouvent ici réunis pour former une sorte de singulier et prestigieux équipage.*

Yves LA PRAIRIE

PHILIPPE DE THAUN

XIIe siècle

LA SIRÈNE

(*transcription*)

Sirène la mer hante, dans la tempête chante,
Et pleure par beau temps, car tel est son caractère.
De femme elle a la forme jusqu'à la ceinture
Et les pieds du faucon et la queue du poisson.
Quand se veut réjouir, elle chante haut et clair.
Et quand l'entend le nautonier qui va sur mer,
Il en oublie sa nef et bientôt il s'endort.
Gardez-en la mémoire, car cela a du sens.

Que sont sirènes ? Sont richesses de ce monde.
La mer montre ce monde, la nef : gens qui y sont.
Le nautonier, c'est l'âme et la nef c'est le corps.
Sachez que font souvent les riches de ce monde
Pécher l'âme en son corps – nautonier dans sa nef –
L'âme en péché s'endort, pour ensuite périr.

Les richesses du monde font de grandes merveilles,
Parlent, volent, vous prennent par les pieds, vous noient.
Ainsi nous les peignons avec pieds de faucon.
Quand l'homme riche parle, sa renommée vole ;
Il opprime les pauvres, les attire et les noie.

Sirène est ainsi faite qu'elle chante dans la tempête,
Telle est richesse au monde et tels les hommes riches ;
C'est chanter dans la tempête quand un riche est tellement maître

Que pour lui on se pend, on se tue de chagrin.
La sirène en beau temps pleure et se plaint toujours.
Quand on prise richesse et que pour Dieu on la méprise,
Lors le ciel est serein et la richesse pleure.
Sachez ce que veut dire richesse en cette vie.

(Adaptation de Paul Éluard)
(*Anthologie vivante de la poésie du passé*)

MELLIN de SAINT-GELAIS

1491-1558

TREIZAIN

Par l'ample mer, loin des ports et arènes
S'en vont nageant les lascives sirènes
En déployant leurs chevelures blondes,
Et de leurs voix plaisantes et sereines
Les plus hauts mâts et plus basses carènes
Font arrêter aux plus mobiles ondes
Et souvent perdre en tempêtes profondes ;
Ainsi la vie à nous si délectable,
Comme sirène affectée et muable,
En ses douceurs nous enveloppe et plonge
Tant que la mort rompe aviron et câble
Et puis de nous ne reste qu'une fable
Un moins que vent, ombre, fumée et songe.

(*Œuvres poétiques complètes*, édition de Paul Daffis)

JEAN PARMENTIER
1494-1530

LES MERVEILLES DE LA MER

XVI

Maix veulx tu mieulx congnoistre sa puissance
que, pour suyvir, soubz son obeissance,
ton beau voyage et navigation,
tu y pourras contempler à plaisance
son hault pouvoir, par grande esbaïssance,
voyant la mer en son inflatïon,
sa merveilleuse et grosse elatïon,
ondes mouvantz par fluctuatïon,
sa profundeur, son creux et son abisme ;
lors tu diras, par admiration,
« Seigneur, qui feis telle operatïon,
tant ta vertu est grande et altissime ! »

XVII

Qui congnoistra les merveilles de mer,
l'horrible son plein de pereil amer
des flotz esmeus et troubléz sans mesure ?
Qui la verra par gros ventz escumer,
pousser, fumer, sublimer, se abysmer,
et puis soubdain tranquille, sans fracture ?
Qui congnoistra son ordre et sa nature ?
Mais qui dira : « J'ay veu telle adventure »,
si non celluy qui navigue dessus ?
Cestuy là peult bien dire, par droicture :
« O merveilleuse et terrible facture
du merveilleux qui habite la sus ! »

XVIII

O navigantz, o povres mathelotz
qui congnoissez la nature et les flotz
de la grand mer où pretendez profit,
levez les yeulx, ayant les cueurs devotz,
devers le ciel, et je seray des vos
à donner gloire à Celluy qui la feit.
Sans lascheté, dont maint est desconfit,
soit à tousjours vostre parler confit
en sa louenge et en son seul honneur ;
et vous aurez, nonobstant tout conflict,
de ses biens tant que direz : « il souffit »,
car c'est luy seul vray liberal donneur.

(*Œuvres poétiques*)

JOACHIM DU BELLAY

1522-1560

COMME LE MARINIER

Comme le marinier, que le cruel orage
A longtemps agité dessus la haute mer,
Ayant finalement à force de ramer
Garanti son vaisseau du danger du naufrage,

Regarde sur le port, sans plus craindre la rage
Des vagues ni des vents, les ondes écumer :
Et quelqu'autre bien loin, au danger d'abîmer,
En vain tendre les mains vers le front du rivage.

Ainsi, mon cher Morel, sur le port arrêté,
Tu regardes la mer, et vois en sûreté
De mille tourbillons son onde renversée :

Tu la vois jusqu'au ciel s'élever bien souvent,
Et vois ton Du Bellay à la merci du vent
Assis au gouvernail dans une nef percée.

(*Les Regrets*)

AGRIPPA D'AUBIGNÉ
1552-1630

ACCOUREZ AU SECOURS DE MA MORT

Accourez au secours de ma mort violente,
Amants, nochers experts en la peine où je suis,
Vous qui avez suivi la route que je suis
Et d'amour éprouvé les flots et la tourmente.

Le pilote qui voit une nef périssante,
En l'amoureuse mer remarquant les ennuis
Qu'autrefois il risqua, tremblé et lui est advis
Que d'une telle fin il ne perd que l'attente.

Ne venez point ici en espoir de pillage :
Vous ne pouvez tirer profit de mon naufrage,
Je n'ai que des soupirs, de l'espoir et des pleurs.

Pour avoir mes soupirs, les vents lèvent les armes.
Pour l'air sont mes espoirs volages et menteurs
La mer me fait périr pour s'enfler de mes larmes.

Miséricorde, ô cieux, ô dieux impitoyables
Épouvantables flots, ô vous pâles frayeurs
Qui même avant la mort faites mourir les cœurs,
En horreur, en pitié voyez ces misérables !

Ce navire se perd, dégarni de ses câbles,
Ces câbles, ses moyens, de ses espoirs menteurs :
La voile est mise à bas, les plus fermes rigueurs
D'une fière beauté sont les rocs imployables ;

Les mortels changements sont les sables mouvants,
Les sanglots sont éclairs, les soupirs sont les vents,
Les attentes sans fruit sont écumeuses rives,

Où, aux bords de la mer, les éplorés amours,
Voguant de petits bras, las et faibles secours,
Aspirent en nageant à faces demivives.

(*Les Tragiques*)

HONORAT de RACAN
1589-1670

POUR UN MARINIER

Dessus la mer de Cypre où souvent il arrive
Que les meilleurs Nochers se perdent dès la rive,
J'ay navigué la nuict plus de fois que le jour :
La beauté d'Uranie est mon Pôle et mon Phare,
Et dans quelque tourmente où ma barque s'égare,
Je n'invoque jamais d'autre Dieu que l'Amour.

Souvent à la mercy des funestes Pleiades,
Ce Pilote sans peur m'a conduit en des rades,
Où jamais les vaisseaux ne s'estoient hazardez,
Et sans faire le vain, ceux qui m'entendront dire
De quel art cet enfant a guidé mon navire,
Ne l'accuseront plus d'avoir les yeux bandez.

Il n'est point de brouillards que ses feux n'esclaircissent.
Par ses enchantements les vagues s'adoucissent.
La mer se fait d'azur et le Ciel de saphirs,
Et devant la beauté dont j'adore l'image,
En faveur du Printemps qui luit en son visage,
Les plus fiers Aquilons se changent en zephirs.

Mais bien que dans ses yeux l'amour prenne ses charmes,
Qu'il y mette ses feux, qu'il y forge ses armes,
Et qu'il ait estably son empire en ce lieu,
Toutesfois sa grandeur leur rend obeïssance,
Sur cette ame de glace il n'a point de puissance,
Et seulement contre elle il cesse d'estre Dieu.

Je sçay bien que ma nef y doit faire naufrage,
Ma science m'apprend à predire l'orage,
Je cognois le rocher qu'elle cache en son sein :
Mais plus j'y voy de morts et moins je m'espouvante,
Je me trahis moy-mesme, et l'art dont je me vante,
Pour l'honneur de perir en un si beau dessein.

(*Poésies complètes*)

THÉOPHILE de VIAU
1590-1625

SUR UNE TEMPÊTE
(fragment)

Parmy ces promenoirs sauvages
J'oy bruire les vents et les flots,
Attendant que les mattelots
M'emportent hors de ces rivages.
Icy les rochers blanchissans
Du choc des vagues gemissans,
Herissent leurs masses cornues
Contre la cholere des airs,
Et presentent leurs testes nuës
À la menace des esclairs.

J'oy sans peur l'orage qui gronde,
Et fust ce l'heure de ma mort,
Je suis prest à quitter le port
En dépit du Ciel et de l'onde.
Je meurs d'ennuy de ce loisir :
Car un impatient desir
De revoir les pompes du Louvre
Travaille tant mon souvenir,
Que je brusle d'aller à Douvre,
Tant j'ay haste d'en revenir.

Dieu de l'onde, un peu de silence ;
Un Dieu faict mal de s'esmouvoir,
Fais moy paroistre ton pouvoir
À corriger ta violence.

Mais à quoy sert de te parler,
Esclave du vent et de l'air,
Monstre confus, qui de nature
Vuide de rage et de pitié,
Ne monstres que par advanture
Ta haine, ny ton amitié ?

(*Œuvres poétiques*)

PIERRE de MARBEUF
1596-1640

ET LA MER ET L'AMOUR

Et la mer et l'amour ont l'amour pour partage,
Et la mer est amère, et l'amour est amer,
L'on s'abîme en l'amour aussi bien qu'en la mer,
Car la mer et l'amour ne sont point sans orage.

Celui qui craint les eaux qu'il demeure au rivage,
Celui qui craint les maux qu'on souffre pour aimer,
Qu'il ne se laisse pas à l'amour enflammer,
Et tous deux ils seront sans hasard de naufrage.

La mère de l'amour eut la mer pour berceau,
Le feu sort de l'amour, sa mère sort de l'eau,
Mais l'eau contre ce feu ne peut fournir des armes.

Si l'eau pouvait éteindre un brasier amoureux,
Ton amour qui me brûle est si fort douloureux,
Que j'eusse éteint son feu de la mer de mes larmes.

(*Le Miracle d'amour*)

TRISTAN L'HERMITE

1601-1655

LA MER

(extraits)

[...] Mais voici venir le montant,
Les ondes demi-courroucées
Peu à peu vont empiétant
Les bornes qu'elles ont laissées.
Les vagues, d'un cours diligent,
À longs plis de verre ou d'argent
Se viennent rompre sur la rive
Où leur débris fait à tous coups
Rejaillir une source vive
De perles parmi les cailloux.

Sur ces bords d'ossements blanchis
De pauvres pêcheurs font la ronde
Espérant bien d'être enrichis
Par quelque largesse de l'onde.
Car la mer éternellement
Garde ce noble sentiment
Avecque son humeur brutale,
De n'engloutir aucuns trésors
Que d'une fougue libérale
Elle ne jette sur ses bords.

Quand les vagues s'enflent d'orgueil
Et se viennent crever de rage
Contre la pointe d'un écueil
Où cent barques ont fait naufrage,

Alors qu'une sombre vapeur
Imprime une mortelle peur
Avec ses présages funestes
Et que les vents séditieux,
Pour éteindre les feux célestes,
Portent l'eau jusques dans les cieux,

Le vaisseau poussé dans les airs
N'aperçoit point de feux proprices :
On n'y voit au jour des éclairs
Que gouffres et que précipices.

(*Œuvres*)

ANDRÉ CHÉNIER
1762-1794

LA JEUNE TARENTINE

Pleurez, doux alcyons ! ô vous, oiseaux sacrés !
Oiseaux chers à Thétis, doux alcyons, pleurez !
Elle a vécu, Myrto, la jeune Tarentine !
Un vaisseau la portait aux bords de Camarine :
Là, l'hymen, les chansons, les flûtes, lentement
Devaient la reconduire au seuil de son amant.
Une clef vigilante a, pour cette journée,
Dans le cèdre enfermé sa robe d'hyménée,
Et l'or dont au festin ses bras seraient parés,
Et pour ses blonds cheveux les parfums préparés.
Mais, seule sur la proue, invoquant les étoiles,
Le vent impétueux qui soufflait dans les voiles
L'enveloppe : étonnée et loin des matelots,
Elle crie, elle tombe, elle est au sein des flots.

Elle est au sein des flots, la jeune Tarentine !
Son beau corps a roulé sous la vague marine.
Thétis, les yeux en pleurs, dans le creux d'un rocher,
Aux monstres dévorants eut soin de le cacher.
Par ses ordres bientôt les belles Néréides
L'élèvent au-dessus des demeures humides,
Le portent au rivage, et dans ce monument
L'ont au cap du Zéphyr déposé mollement ;
Puis de loin, à grands cris appelant leurs compagnes,
Et les nymphes des bois, des sources, des montagnes,
Toutes, frappant leur sein et traînant un long deuil,
Répétèrent, hélas ! autour de son cercueil :

« Hélas ! chez ton amant tu n'es point ramenée ;
Tu n'as point revêtu ta robe d'hyménée ;
L'or autour de tes bras n'a point serré de nœuds ;
Les doux parfums n'ont point coulé sur tes cheveux. »

(*Bucoliques*, XIII)

ALPHONSE de LAMARTINE
1790-1869

LE GOLFE DE GÊNES

Que j'aime à contempler dans cette anse écartée
La mer qui vient dormir sur la grève argentée,
Sans soupir et sans mouvement !
Le soir retient ici son haleine expirante
De crainte de ternir la glace transparente
Où se mire le firmament.

De deux bras arrondis la terre qui l'embrasse
À la vague orageuse interdit cet espace
Que borde un cercle de roseaux ;
Et d'un sable brillant une frange plus vive
Y serpente partout entre l'onde et la rive
Pour amollir le lit des eaux.

Là tremblent dans l'azur les muettes étoiles ;
Là dort le mât penché, dépouillé de ses voiles ;
Là quelques pauvres matelots
Sur le pont d'un esquif qu'à fatigué la lame,
De leurs foyers flottants ont rallumé la flamme,
Et vont se reposer des flots.

Le chêne aux bras tendus penche son tronc sur l'onde ;
Le tortueux figuier dans la mer qui l'inonde
Baigne, en pliant, ses lourds rameaux
Et la vigne y jetant ses guirlandes trempées,
Laisse pendre et flotter ses feuilles découpées,
Où tremblent les reflets des eaux.

La lune qui se penche au bord de la vallée,
Distille un jour égal, une aurore voilée,
Sur ce golfe silencieux ;
La mer n'a plus de flots, les bois plus de murmures ;
Et la brise incertaine y flotte à l'aventure,
Ivre des parfums de ces lieux !

Sur ce site enchanté mon âme qu'il attire
S'abat comme le cygne, et s'apaise et soupire
À cette image du repos.
Que ne peut-elle, ô mer, sur tes bords qu'elle envie,
Trouver comme ta vague un golfe dans la vie,
Pour s'endormir avec tes flots !

(*Les Harmonies poétiques et religieuses*)

ALFRED de VIGNY
1797-1863

LA FRÉGATE « LA SÉRIEUSE » OU LA PLAINTE DU CAPITAINE

(fragment)

Qu'elle était belle, ma Frégate,
Lorsqu'elle voguait dans le vent !
Elle avait, au soleil levant,
Toutes les couleurs de l'agate ;
Ses voiles luisaient, le matin,
Comme des ballons de satin ;
Sa quille mince, longue et plate,
Portait deux bandes d'écarlate
Sur vingt-quatre canons cachés ;
Ses mâts, en arrière penchés,
Paraissaient à demi couchés.
Dix fois plus vive qu'un pirate,
En cent jours, du Havre à Surate,
Elle nous emporta souvent.
– Qu'elle était belle, ma Frégate,
Lorsqu'elle voguait dans le vent !

(*Poèmes antiques et modernes*)

VICTOR HUGO

1802-1885

UNE NUIT QU'ON ENTENDAIT LA MER SANS LA VOIR

Quels sont ces bruits sourds ?
Écoutez vers l'onde
Cette voix profonde
Qui pleure toujours
Et qui toujours gronde,
Quoiqu'un son plus clair
Parfois l'interrompe... –
Le vent de la mer
Souffle dans sa trompe.

Comme il pleut ce soir !
N'est-ce-pas, mon hôte ?
Là-bas, à la côte,
Le ciel est bien noir,
La mer est bien haute !
On dirait l'hiver ;
Parfois on s'y trompe... –
Le vent de la mer
Souffle dans sa trompe.

Oh ! marins perdus !
Au loin, dans cette ombre,
Sur la nef qui sombre,
Que de bras tendus
Vers la terre sombre !
Pas d'ancre de fer
Que le flot ne rompe... –
Le vent de la mer
Souffle dans sa trompe.

Nochers imprudents !
Le vent dans la voile
Déchire la toile
Comme avec les dents !
Là-haut pas d'étoile.
L'un lutte avec l'air,
L'autre est à la pompe. –
Le vent de la mer
Souffle dans sa trompe.

C'est toi, c'est ton feu
Que le nocher rêve,
Quand le flot s'élève,
Chandelier que Dieu
Pose sur la grève,
Phare au rouge éclair
Que la brume estompe ! –
Le vent de la mer
Souffle dans sa trompe.

17 juillet 1836.
(*Les Voix intérieures*)

OCEANO NOX

Oh ! combien de marins, combien de capitaines
Qui sont partis joyeux pour des courses lointaines,
Dans ce morne horizon se sont évanouis !
Combien ont disparu, dure et triste fortune !
Dans une mer sans fond, par une nuit sans lune,
Sous l'aveugle océan à jamais enfouis !

Combien de patrons morts avec leurs équipages !
L'ouragan de leur vie a pris toutes les pages
Et d'un souffle il a tout dispersé sur les flots !
Nul ne saura leur fin dans l'abîme plongée.
Chaque vague en passant d'un butin s'est chargée ;
L'une a saisi l'esquif, l'autre les matelots !

Nul ne sait votre sort, pauvres têtes perdues !
Vous roulez à travers les sombres étendues,
Heurtant de vos fronts morts des écueils inconnus.
Oh ! que de vieux parents, qui n'avaient plus qu'un rêve,
Sont morts en attendant tous les jours sur la grève
Ceux qui ne sont pas revenus !

On s'entretient de vous parfois dans les veillées.
Maint joyeux cercle, assis sur des ancres rouillées,
Mêle encor quelque temps vos noms d'ombre couverts
Aux rires, aux refrains, aux récits d'aventures,
Aux baisers qu'on dérobe à vos belles futures,
Tandis que vous dormez dans les goémons verts !

On demande : – Où sont-ils ? sont-ils rois dans quelque île ?
Nous ont-ils délaissés pour un bord plus fertile ? –
Puis votre souvenir même est enseveli.

Le corps se perd dans l'eau, le nom dans la mémoire.
Le temps, qui sur toute ombre en verse une plus noire,
Sur le sombre océan jette le sombre oubli.

Bientôt des yeux de tous votre ombre est disparue.
L'un n'a-t-il pas sa barque et l'autre sa charrue ?
Seules, durant ces nuits où l'orage est vainqueur,
Vos veuves aux fronts blancs, lasses de vous attendre,
Parlent encor de vous en remuant la cendre
De leur foyer et de leur cœur !

Et quand la tombe enfin a fermé leur paupière,
Rien ne sait plus vos noms, pas même une humble pierre
Dans l'étroit cimetière où l'écho nous répond,
Pas même un saule vert qui s'effeuille à l'automne,
Pas même la chanson naïve et monotone
Que chante un mendiant à l'angle d'un vieux pont !

Où sont-ils, les marins sombrés dans les nuits noires ?
Ô flots, que vous savez de lugubres histoires !
Flots profonds redoutés des mères à genoux !
Vous vous les racontez en montant les marées,
Et c'est ce qui vous fait ces voix désespérées
Que vous avez le soir quand vous venez vers nous !

(*Les Rayons et les ombres*)

CHARLES-AUGUSTIN SAINTE-BEUVE

1804-1869

LE CALME

À l'instant le navire appareille ; et d'abord
Les câbles sont tirés, les ancres sont à bord,
La poulie a crié ; la voile suspendue
Ne demande qu'un souffle à la brise attendue
Et sur le pont tremblant tous mes jeunes nochers
S'interrogent déjà vers l'horizon penchés.
Adieu, rivage, adieu ! Mais la mer est dormante,
Plus dormante qu'un lac ; mieux vaudrait la tourmente !
Mais d'en haut, ce jour-là, nul souffle ne répond ;
La voile pend au mât et traîne sur le pont.
Debout, croisant les bras, le pilote, à la proue,
Contemple cette eau verte où pas un flot ne joue
Et que rasent parfois de leur vol lourd et lent
Le cormoran plaintif et le gris goéland.
Tout le jour il regarde, inquiet du voyage,
S'il verra dans le ciel remuer un nuage,
Ou frissonner au vent son beau pavillon d'or ;
Et quand tombe la nuit, morne, il regarde encor
La quille où s'épaissit une verdâtre écume,
Et la pointe du mât qui se perd dans la brume.

(*Vie, poésie et pensées de Joseph Delorme*)

GÉRARD de NERVAL
1808-1855

LE ROI DE THULÉ

Il était un roi de Thulé
À qui son amante fidèle
Légua, comme souvenir d'elle,
Une coupe d'or ciselé.

C'était un trésor plein de charmes
Où son amour se conservait :
À chaque fois qu'il y buvait
Ses yeux se remplissaient de larmes.

Voyant ses derniers jours venir,
Il divisa son héritage,
Mais il excepta du partage
La coupe, son cher souvenir.

Il fit à la table royale
Asseoir les barons dans sa tour ;
Debout et rangée alentour,
Brillait sa noblesse loyale.

Sous le balcon grondait la mer.
Le vieux roi se lève en silence,
Il boit, – frissonne, et sa main lance
La coupe d'or au flot amer !

Il la vit tourner dans l'eau noire,
La vague en s'ouvrant fit un pli,
Le roi pencha son front pâli...
Jamais on ne le vit plus boire.

(*Petits Châteaux de Bohême*)

THÉOPHILE GAUTIER
1811-1872

LES MATELOTS

Sur l'eau bleue et profonde
Nous allons voyageant,
Environnant le monde
D'un sillage d'argent,
Des îles de la Sonde,
De l'Inde au ciel brûlé,
Jusqu'au pôle gelé...

Les petites étoiles
Montrent de leur doigt d'or
De quel côté les voiles
Doivent prendre l'essor ;
Sur nos ailes de toiles,
Comme de blancs oiseaux,
Nous effleurons les eaux.

Nous pensons à la terre
Que nous fuyons toujours,
À notre vieille mère,
À nos jeunes amours ;
Mais la vague légère
Avec son doux refrain
Endort notre chagrin

Le laboureur déchire
Un sol avare et dur ;
L'éperon du navire
Ouvre nos champs d'azur,

Et la mer sait produire,
Sans peine ni travail,
La perle et le corail.

Existence sublime !
Bercés par notre nid,
Nous vivons sur l'abîme
Au sein de l'infini ;
Des flots rasant la cime,
Dans le grand désert bleu
Nous marchons avec Dieu !

(*Poésies diverses*)

CHARLES LECONTE DE LISLE
1818-1894

CLAIR DE LUNE

La mer est grise, calme, immense,
L'œil vainement en fait le tour.
Rien ne finit, rien ne commence :
Ce n'est ni la nuit, ni le jour.

Point de lame à frange d'écume,
Point d'étoiles au fond de l'air.
Rien ne s'éteint, rien ne s'allume :
L'Espace n'est ni noir, ni clair.

Albatros, pétrels aux cris rudes,
Marsouins, souffleurs, tout a fui.
Sur les tranquilles solitudes
Plane un vague et profond ennui.

Nulle rumeur, pas une haleine,
La lourde coque au lent roulis
Hors de l'eau terne montre à peine
Le cuivre de ses flancs polis ;

Et, le long des cages à poules,
Les hommes de quart, sans rien voir,
Regardent, en songeant, les houles
Monter, descendre et se mouvoir.

Mais, vers l'Est, une lueur blanche,
Comme une cendre, un vol léger
Qui par nappes fines s'épanche,
De l'horizon semble émerger.

Elle nage, pleut, se disperse,
S'épanouit de toutes parts,
Tourbillonne, retombe et verse
Son diaphane et doux brouillard.

Un feu pâle luit et déferle
La mer frémit, s'ouvre un moment,
Et dans le ciel couleur de perle
La lune monte lentement.

(*Poèmes barbares*)

CHARLES BAUDELAIRE

1821-1867

LE VOYAGE

à Maxime Du Camp

I

Pour l'enfant, amoureux de cartes et d'estampes,
L'univers est égal à son vaste appétit.
Ah ! que le monde est grand à la clarté des lampes !
Aux yeux du souvenir que le monde est petit !

Un matin nous partons, le cerveau plein de flamme,
Le cœur gros de rancune et de désirs amers,
Et nous allons, suivant le rythme de la lame,
Berçant notre infini sur le fini des mers :

Les uns, joyeux de fuir une patrie infâme ;
D'autres, l'horreur de leurs berceaux ; et quelques-uns,
Astrologues noyés dans les yeux d'une femme,
La Circé tyrannique aux dangereux parfums.

Pour n'être pas changés en bêtes, ils s'enivrent
D'espace et de lumière et de cieux embrasés ;
La glace qui les mord, les soleils qui les cuivrent,
Effacent lentement la marque des baisers.

Mais les vrais voyageurs sont ceux-là seuls qui partent
Pour partir ; cœurs légers, semblables aux ballons,
De leur fatalité jamais ils ne s'écartent,
Et, sans savoir pourquoi, disent toujours : Allons !

Ceux-là dont les désirs ont la forme des nues,
Et qui rêvent, ainsi qu'un conscrit le canon,
De vastes voluptés, changeantes, inconnues,
Et dont l'esprit humain n'a jamais su le nom !

II

Nous imitons, horreur ! la toupie et la boule
Dans leur valse et leurs bonds ; même dans nos sommeils
La Curiosité nous tourmente et nous roule,
Comme un Ange cruel qui fouette des soleils.

Singulière fortune, où le but se déplace,
Et, n'étant nulle part, peut être n'importe où !
Où l'Homme, dont jamais l'espérance n'est lasse,
Pour trouver le repos court toujours comme un fou !

Notre âme est un trois-mâts cherchant son Icarie ;
Une voix retentit sur le pont : « Ouvre l'œil ! »
Une voix de la hune, ardente et folle, crie :
« Amour... gloire... bonheur ! » Enfer ! c'est un écueil !

Chaque îlot signalé par l'homme de vigie
Est un Eldorado promis par le Destin ;
L'Imagination qui dresse son orgie
Ne trouve qu'un récif aux clartés du matin.

Ô le pauvre amoureux des pays chimériques !
Faut-il le mettre aux fers, le jeter à la mer,
Ce matelot ivrogne, inventeur d'Amériques
Dont le mirage rend le gouffre plus amer ?

Tel le vieux vagabond, piétinant dans la boue,
Rêve, le nez en l'air, de brillants paradis ;
Son œil ensorcelé découvre une Capoue
Partout où la chandelle illumine un taudis.

III

Étonnants voyageurs ! quelles nobles histoires
Nous lisons dans vos yeux profonds comme les mers !
Montrez-nous les écrins de vos riches mémoires,
Ces bijoux merveilleux, faits d'astres et d'éthers.

Nous voulons voyager sans vapeur et sans voile !
Faites, pour égayer l'ennui de nos prisons,
Passer sur nos esprits, tendus comme une toile,
Vos souvenirs avec leurs cadres d'horizons.

Dites, qu'avez-vous vu ?

IV

« Nous avons vu des astres
Et des flots ; nous avons vu des sables aussi ;
Et, malgré bien des chocs et d'imprévus désastres,
Nous nous sommes souvent ennuyés, comme ici.

La gloire du soleil sur la mer violette,
La gloire des cités dans le soleil couchant,
Allumaient dans nos cœurs une ardeur inquiète
De plonger dans un ciel au reflet alléchant.

Les plus riches cités, les plus grands paysages,
Jamais ne contenaient l'attrait mystérieux
De ceux que le hasard fait avec les nuages,
Et toujours le désir nous rendait soucieux !

– La jouissance ajoute au désir de la force.
Désir, vieil arbre à qui le plaisir sert d'engrais,
Cependant que grossit et durcit ton écorce,
Tes branches veulent voir le soleil de plus près !

Grandiras-tu toujours, grand arbre plus vivace
Que le cyprès ? – Pourtant nous avons, avec soin,
Cueilli quelques croquis pour votre album vorace,
Frères qui trouvez beau tout ce qui vient de loin !

Nous avons salué des idoles à trompe ;
Des trônes constellés de joyaux lumineux ;
Des palais ouvragés dont la féerique pompe
Serait pour vos banquiers un rêve ruineux ;

Des costumes qui sont pour les yeux une ivresse ;
Des femmes dont les dents et les ongles sont teints,
Et des jongleurs savants que le serpent caresse. »

V

Et puis, et puis encore ?

VI

« Ô cerveaux enfantins !

Pour ne pas oublier la chose capitale,
Nous avons vu partout, et sans l'avoir cherché,
Du haut jusques en bas de l'échelle fatale,
Le spectacle ennuyeux de l'immortel péché :

La femme, esclave vile, orgueilleuse et stupide,
Sans rire s'adorant et s'aimant sans dégoût ;
L'homme, tyran goulu, paillard, dur et cupide,
Esclave de l'esclave et ruisseau dans l'égout ;

Le bourreau qui jouit, le martyr qui sanglote ;
La fête qu'assaisonne et parfume le sang ;
Le poison du pouvoir énervant le despote,
Et le peuple amoureux du fouet abrutissant ;

Plusieurs religions semblables à la nôtre,
Toutes escaladant le ciel ; la Sainteté,
Comme en un lit de plume un délicat se vautre,
Dans les clous et le crin cherchant la volupté ;

L'Humanité bavarde, ivre de son génie,
Et folle maintenant comme elle était jadis,
Criant à Dieu, dans sa furibonde agonie :
« Ô mon semblable, ô mon maître, je te maudis ! »

Et les moins sots, hardis amants de la Démence,
Fuyant le grand troupeau parqué par le Destin,
Et se réfugiant dans l'opium immense !
– Tel est du globe entier l'éternel bulletin. »

VII

Amer savoir, celui qu'on tire du voyage !
Le monde, monotone et petit, aujourd'hui,
Hier, demain, toujours, nous fait voir notre image :
Une oasis d'horreur dans un désert d'ennui !

Faut-il partir ? rester ? Si tu peux rester, reste ;
Pars, s'il le faut. L'un court, et l'autre se tapit
Pour tromper l'ennemi vigilant et funeste,
Le Temps ! Il est, hélas ! des coureurs sans répit,

Comme le Juif errant et comme les apôtres,
À qui rien ne suffit, ni wagon, ni vaisseau,
Pour fuir ce rétiaire infâme ; il en est d'autres
Qui savent le tuer sans quitter leur berceau.

Lorsque enfin il mettra le pied sur notre échine,
Nous pourrons espérer et crier : En avant !
De même qu'autrefois nous partions pour la Chine,
Les yeux fixés au large et les cheveux au vent,

Nous nous embarquerons sur la mer des Ténèbres
Avec le cœur joyeux d'un jeune passager.
Entendez-vous ces voix, charmantes et funèbres,
Qui chantent : « Par ici ! vous qui voulez manger

Le Lotus parfumé ! c'est ici qu'on vendange
Les fruits miraculeux dont votre cœur a faim ;
Venez vous enivrer de la douceur étrange
De cette après-midi qui n'a jamais de fin ! »

À l'accent familier nous devinons le spectre ;
Nos Pylades là-bas tendent leurs bras vers nous.
« Pour rafraîchir ton cœur nage vers ton Électre ! »
Dit celle dont jadis nous baisions les genoux.

VIII

Ô Mort, vieux capitaine, il est temps ! levons l'ancre !
Ce pays nous ennuie, ô Mort ! Appareillons !
Si le ciel et la mer sont noirs comme de l'encre,
Nos cœurs que tu connais sont remplis de rayons !

Verse-nous ton poison pour qu'il nous réconforte !
Nous voulons, tant ce feu nous brûle le cerveau,
Plonger au fond du gouffre, Enfer ou Ciel, qu'importe ?
Au fond de l'Inconnu pour trouver du *nouveau !*

(« La Mort », *Les Fleurs du mal*)

JULES VERNE
1828-1905

CHANSON DE GABIERS
(fragment)

à Paul

Joyeux matelots
Qui cherchez la dune
Au milieu des flots,
Montez dans la hune !

En montant à bord,
Vous voyez naguère,
En pleurs sur le port
Une tendre mère.

De sa faible main
Salut elle donne
À son fils marin,
Qui part, l'abandonne.

Puis dans son adieu,
À la Sainte Vierge
Elle fait le vœu
De brûler un cierge,

Si son pauvre fils
Sauvé de l'orage,
Revient au pays,
Revient au rivage.

Et puis chaque matin
Après sa prière,
Elle dit : demain
Il verra sa mère !

Joyeux matelots
Qui cherchez la dune
Au milieu des flots,
Montez à la hune !

(*Poésies inédites*)

LÉON DIERX
1838-1912

LE VIEUX SOLITAIRE

Je suis tel qu'un ponton sans vergues et sans mâts,
Aventureux débris des trombes tropicales,
Et qui flotte, roulant des lingots dans ses cales,
Sur une mer sans borne et sous de froids climats.

Les vents sifflaient jadis dans ses mille poulies.
Vaisseau désemparé qui ne gouverne plus,
Il roule, vain jouet du flux et du reflux,
L'ancien explorateur des vertes Australies !

Il ne lui reste plus un seul des matelots
Qui chantaient sur la hune en dépliant la toile.
Aucun phare n'allume au loin sa rouge étoile ;
Il tangue, abandonné tout seul sur les grands flots.

La mer autour de lui se soulève et le roule,
Et chaque lame arrache une poutre à ses flancs ;
Et les monstres marins suivent de leurs yeux blancs
Les mirages confus du cuivre sous la houle.

Il flotte, épave inerte, au gré des flots houleux,
Dédaigné des croiseurs aux bonnettes tendues,
La coque lourde encor de richesses perdues,
De trésors dérobés aux pays fabuleux.

Tel je suis. Vers quels ports, quels récifs, quels abîmes,
Dois-tu les charrier, les secrets de mon cœur ?
Qu'importe ? Viens à moi, Caron, vieux remorqueur,
Écumeur taciturne aux avirons sublimes !

(*Poèmes et Poésies*)

STÉPHANE MALLARMÉ
1842-1898

BRISE MARINE

La chair est triste, hélas ! et j'ai lu tous les livres.
Fuir ! là-bas fuir ! Je sens que des oiseaux sont ivres
D'être parmi l'écume inconnue et les cieux !
Rien, ni les vieux jardins reflétés par les yeux,
Ne retiendra ce cœur qui dans la mer se trempe
Ô nuits ! ni la clarté déserte de ma lampe
Sur le vide papier que la blancheur défend
Et ni la jeune femme allaitant son enfant.
Je partirai ! Steamer balançant ta mâture,
Lèvre l'ancre pour une exotique nature !

Un Ennui, désolé par les cruels espoirs,
Croit encore à l'adieu suprême des mouchoirs !
Et, peut-être, les mâts, invitant les orages,
Sont-ils de ceux qu'un vent penche sur les naufrages
Perdus, sans mâts, sans mâts, ni fertiles îlots...
Mais, ô mon cœur, entends le chant des matelots !

(*Poésies*)

JOSÉ-MARIA de HEREDIA
1842-1905

LES CONQUÉRANTS

Comme un vol de gerfauts hors du charnier natal,
Fatigués de porter leurs misères hautaines,
De Palos, de Moguer, routiers et capitaines
Partaient, ivres d'un rêve héroïque et brutal.

Ils allaient conquérir le fabuleux métal
Que Cipango mûrit dans ses mines lointaines,
Et les vents alizés inclinaient leurs antennes
Aux bords mystérieux du monde occidental.

Chaque soir, espérant des lendemains épiques,
L'azur phosphorescent de la mer des Tropiques
Enchantait leur sommeil d'un mirage doré ;

Ou, penchés à l'avant des blanches caravelles,
Ils regardaient monter en un ciel ignoré
Du fond de l'Océan des étoiles nouvelles.

(*Les Trophées*)

MARIS STELLA

Sous les coiffes de lin, toutes, croisant leurs bras
Vêtus de laine rude ou de mince percale,
Les femmes, à genoux sur le roc de la cale,
Regardent l'Océan blanchir l'île de Batz.

Les hommes, pères, fils, maris, amants, là-bas,
Avec ceux de Paimpol, d'Audierne et de Cancale,
Vers le Nord, sont partis pour la lointaine escale.
Que de hardis pêcheurs qui ne reviendront pas !

Par-dessus la rumeur de la mer et des côtes
Le chant plaintif s'élève, invoquant à voix hautes
L'Étoile sainte, espoir des marins en péril ;

Et l'Angélus, courbant tous ces fronts noirs de hâle,
Des clochers de Roscoff à ceux de Sybiril
S'envole, tinte et meurt dans le ciel rose et pâle.

(*Les Trophées*)

PAUL VERLAINE
1844-1896

MARINE

L'océan sonore
Palpite sous l'œil
De la lune en deuil
Et palpite encore,

Tandis qu'un éclair
Brutal et sinistre
Fend le ciel de bistre
D'un long zigzag clair,

Et que chaque lame
En bonds convulsifs
Le long des récifs
Va, vient, luit et clame,

Et qu'au firmament,
Où l'ouragan erre,
Rugit le tonnerre
Formidablement.

(« Eaux fortes », *Poèmes saturniens*)

JE NE SAIS POURQUOI

Je ne sais pourquoi
Mon esprit amer
D'une aile inquiète et folle vole sur la mer.
Tout ce qui m'est cher,
D'une aile d'effroi
Mon amour le couve au ras des flots. Pourquoi,
pourquoi ?

Mouette à l'essor mélancolique,
Elle suit la vague, ma pensée,
À tous les vents du ciel balancée,
Et biaisant quand la marée oblique,
Mouette à l'essor mélancolique.

Ivre de soleil
Et de liberté,
Un instinct la guide à travers cette immensité.
La brise d'été
Sur le flot vermeil
Doucement la porte en un tiède demi-sommeil.

Parfois si tristement elle crie
Qu'elle alarme au lointain le pilote,
Puis au gré du vent se livre et flotte
Et plonge, et l'aile toute meurtrie
Revole, et puis si tristement crie !

Je ne sais pourquoi
Mon esprit amer
D'une aile inquiète et folle vole sur la mer.
Tout ce qui m'est cher,
D'une aile d'effroi
Mon amour le couve au ras des flots. Pourquoi,
pourquoi ?

(*Sagesse*)

ANATOLE FRANCE
1844-1924

MARINE

Sous les molles pâleurs qui voilaient en silence
La falaise, la mer et le sable, dans l'anse
Les embarcations se réveillaient déjà.
Du gouffre oriental le soleil émergea
Et couvrit l'Océan d'une nappe embrasée.
La dune au loin sourit, ondoyante et rosée.
On voyait des éclairs aux vitres des maisons.
Au sommet des coteaux les jeunes frondaisons
Commençaient à verdir dans la clarté première,
Et le ciel aspirait largement la lumière.
Il se fit dans l'espace une vague rumeur
Où le travail humain vint jeter sa clameur.
Les femmes en sabots descendent du village,
Les pêcheurs font sécher leurs filets sur la plage,
Et le soleil allume, au dos des mariniers,
Les spasmes des poissons dans l'osier des paniers.
Dans un creux de falaise où voltige l'étoupe,
Un vieil homme calfate, en chantant, sa chaloupe,
Tandis que tout en haut, parmi les chardons blancs,
Cheminent deux douaniers, au pas, graves et lents.
Dans un bateau pêcheur dont la voile latine,
Blanc triangle, reluit à travers la bruine,
Un vieux marin, debout sur le gaillard d'avant,
Tendant le bras au large, interroge le vent.

(*Les Poèmes dorés*, 1873)

TRISTAN CORBIÈRE
1845-1875

STEAM-BOAT

En fumée elle est donc chassée
L'éternité, la traversée,
Qui fit de Vous ma sœur d'un jour,
Ma sœur d'amour !

Là-bas : cette mer incolore
Où ce qui fut Toi flotte encore...
Ici : la terre, ton écueil,
Tertre de deuil !

On t'espère là... Va légère !
Qui te bercera, Passagère ?
Ô passagère de mon cœur,
Ton remorqueur !

Quel Ménélas, sur son rivage,
Fait le pied ?... – Va, j'ai ton sillage...
J'ai, – quand il est là voir venir –
Ton souvenir !

Il n'aura pas, lui, ma Peureuse,
Les sauts de ta gorge houleuse !
Tes sourcils salés de poudrain
Pendant un grain !

Il ne t'aura pas : effrontée !
Par tes cheveux au vent fouettée !...
Ni, durant les longs quarts de nuit,
Ton doux ennui...

Ni ma poésie où – *Posée,*
Tu seras la mouette blessée,
Et moi le flot qu'elle rasa...
Et cœtera.

– Le large, bête sans limite,
Me paraîtra bien grand, Petite,
Sans Toi !... Rien n'est plus l'horizon
Qu'une cloison.

Qu'elle va me sembler étroite,
Tout seul, la boîte à deux !... la boîte
Où nous n'avions qu'un oreiller
Pour sommeiller.

Déjà le soleil se fait sombre
Qui ne balance plus ton ombre,
Et la houle a fait un grand pli...
– Comme l'oubli ! –

Ainsi déchantait sa fortune,
En vigie, au sec, dans la hune,
Par un soir frais, vers le matin,
Un pilotin.

(« Les Amours jaunes » – *Les Amours jaunes*)

LE MOUSSE

Mousse : il est donc marin, ton père ?...
– Pêcheur. Perdu depuis longtemps.
En découchant d'avec ma mère,
Il a couché dans les brisants...

Maman lui garde au cimetière
Une tombe – et rien dedans. –
C'est moi son mari sur la terre,
Pour gagner du pain aux enfants.

Deux petits. – Alors, sur la plage,
Rien n'est revenu du naufrage ?...
– Son garde-pipe et son sabot...

La mère pleure, le dimanche,
Pour repos... Moi : j'ai ma revanche :
Quand je serai grand – matelot ! –

(Baie des Trépassés.)
(*Les Amours jaunes*)

ISIDORE DUCASSE,
COMTE de LAUTRÉAMONT

1846-1870

VIEIL OCÉAN, AUX VAGUES DE CRISTAL

(extrait)

Vieil océan, aux vagues de cristal, tu ressembles proportionnellement à ces marques azurées que l'on voit sur le dos meurtri des mousses ; tu es un immense bleu, appliqué sur le corps de la terre : j'aime cette comparaison. Ainsi, à ton premier aspect, un souffle prolongé de tristesse, qu'on croirait être le murmure de ta brise suave, passe, en laissant des ineffaçables traces, sur l'âme profondément ébranlée, et tu rappelles au souvenir de tes amants, sans qu'on s'en rende toujours compte, les rudes commencements de l'homme, où il fait connaissance avec la douleur, qui ne le quitte plus. Je te salue, vieil océan !

Vieil océan, ta forme harmonieusement sphérique, qui réjouit la face grave de la géométrie, ne me rappelle que trop les petits yeux de l'homme pareils à ceux du sanglier pour la petitesse, et à ceux des oiseaux de nuit pour la perfection circulaire du contour. Cependant, l'homme s'est cru beau dans tous les siècles. Moi, je suppose plutôt que l'homme ne croit à sa beauté que par amour-propre ; mais qu'il n'est pas beau réellement et qu'il s'en doute ; car, pourquoi regarde-t-il la figure de son semblable, avec tant de mépris ? Je te salue, vieil océan !

Vieil océan, tu es le symbole de l'identité ; toujours égal à toi-même. Tu ne varies pas d'une manière essentielle, et si tes vagues sont quelque part en furie, plus loin, dans quelque autre zone, elles sont dans le calme le plus complet. Tu n'es pas comme l'homme, qui s'arrête dans la rue, pour voir deux bouledogues s'empoigner au cou, mais qui ne s'arrête pas, quand un enterrement passe ; qui est ce matin accessible, et ce soir de mauvaise humeur ; qui rit aujourd'hui et pleure demain. Je te salue, vieil océan !

(Chant I, *Les Chants de Maldoror*)

JEAN RICHEPIN
1849-1926

FAIRE LE QUART

Ciel d'encre. Flots de poix. Foutu quart de brume !
La mer épaisse colle aux flancs du bateau
En gargouillant ainsi que lorsqu'on fait eau.
Dans l'air visqueux et sourd la cloche s'enrhume.

On croirait respirer des paquets de plume.
Des lunettes de plomb vous bouchent les yeux.
Le feu blanc du grand mât semble au fond des cieux
Un astre qui, lointain, meurt et se rallume.

Soudain, tout près de nous, un sanglot dolent
En sons entrecoupés râle et s'effiloche.
À bâbord ? À tribord ? Qui sait ? Tinte, cloche.
Un grand fantôme gris passe en nous frôlant.

Ohé, l'ami, bonsoir ! Ta cloche s'enrhume.
Nous nous sommes donné tous deux de l'émoi.
Bonsoir, vieux, sans nous voir. De quart comme moi ?
Ciel d'encre. Flots de poix. Foutu quart de brume !

ARTHUR RIMBAUD

1854-1891

LE BATEAU IVRE

« Comme je descendais des Fleuves impassibles,
Je ne me sentis plus guidé par les haleurs :
Des Peaux-Rouges criards les avaient pris pour cibles,
Les ayant cloués nus aux poteaux de couleurs.

J'étais insoucieux de tous les équipages,
Porteur de blés flamands ou de cotons anglais.
Quand avec mes haleurs ont fini ces tapages,
Les Fleuves m'ont laissé descendre où je voulais.

Dans les clapotements furieux des marées,
Moi, l'autre hiver, plus sourd que les cerveaux d'enfants,
Je courus ! Et les Péninsules démarrées
N'ont pas subi tohu-bohu plus triomphants.

La tempête a béni mes éveils maritimes.
Plus léger qu'un bouchon j'ai dansé sur les flots
Qu'on appelle rouleurs éternels de victimes,
Dix nuits, sans regretter l'œil niais des falots !

Plus douce qu'aux enfants la chair des pommes sures,
L'eau verte pénétra ma coque de sapin
Et des taches de vins bleus et des vomissures
Me lava, dispersant gouvernail et grappin.

Et dès lors, je me suis baigné dans le Poème
De la Mer, infusé d'astres, et lactescent,
Dévorant les azurs verts ; où, flottaison blême
Et ravie, un noyé pensif parfois descend ;

Où, teignant tout à coup les bleuités, délires
Et rythmes lents sous les rutilements du jour,
Plus fortes que l'alcool, plus vastes que nos lyres,
Fermentent les rousseurs amères de l'amour !

Je sais les cieux crevant en éclairs, et les trombes
Et les ressacs et les courants : je sais le soir,
L'Aube exaltée ainsi qu'un peuple de colombes,
Et j'ai vu quelquefois ce que l'homme a cru voir.

J'ai vu le soleil bas, taché d'horreurs mystiques,
Illuminant de longs figements violets,
Pareils à des acteurs de drames très antiques
Les flots roulant au loin leurs frissons de volets !

J'ai rêvé la nuit verte aux neiges éblouies,
Baiser montant aux yeux des mers avec lenteurs,
La circulation des sèves inouïes,
Et l'éveil jaune et bleu des phosphores chanteurs !

J'ai suivi, des mois pleins, pareille aux vacheries
Hystériques, la houle à l'assaut des récifs,
Sans songer que les pieds lumineux des Maries
Pussent forcer le mufle aux Océans poussifs !

J'ai heurté, savez-vous, d'incroyables Florides
Mêlant aux fleurs des yeux de panthères à peaux
D'hommes ! Des arcs-en-ciel tendus comme des brides
Sous l'horizon des mers, à de glauques troupeaux !

J'ai vu fermenter les marais énormes, nasses
Où pourrit dans les joncs tout un Léviathan !
Des écroulements d'eaux au milieu des bonaces,
Et les lointains vers les gouffres cataractant !

Glaciers, soleils d'argent, flots nacreux, cieux de braises !
Échouages hideux au fond des golfes bruns
Où les serpents géants dévorés des punaises
Choient, des arbres tordus, avec de noirs parfums !

J'aurais voulu montrer aux enfants ces dorades
Du flot bleu, ces poissons d'or, ces poissons chantants.
– Des écumes de fleurs ont bercé mes dérades
Et d'ineffables vents m'ont ailé par instants.

Parfois, martyr lassé des pôles et des zones,
La mer dont le sanglot faisait mon roulis doux
Montait vers moi ses fleurs d'ombre aux ventouses jaunes
Et je restais, ainsi qu'une femme à genoux...

Presque île, ballottant sur mes bords les querelles
Et les fientes d'oiseaux clabaudeurs aux yeux blonds.
Et je voguais, lorsqu'à travers mes liens frêles
Des noyés descendaient dormir, à reculons !

Or moi, bateau perdu sous les cheveux des anses,
Jeté par l'ouragan dans l'éther sans oiseau,
Moi dont les Monitors et les voiliers des Hanses
N'auraient pas repêché la carcasse ivre d'eau ;

Libre, fumant, monté de brumes violettes,
Moi qui trouais le ciel rougeoyant comme un mur
Qui porte, confiture exquise aux bons poètes,
Des lichens de soleil et des morves d'azur ;

Qui courais, taché de lunules électriques,
Planche folle, escorté des hippocampes noirs,
Quand les juillets faisaient crouler à coups de triques
Les cieux ultramarins aux ardents entonnoirs ;

Moi qui tremblais, sentant geindre à cinquante lieues
Le rut des Béhémots et les Maelstroms épais,
Fileur éternel des immobilités bleues,
Je regrette l'Europe aux anciens parapets !

J'ai vu des archipels sidéraux ! et des îles
Dont les cieux délirants sont ouverts au vogueur :
– Est-ce en ces nuits sans fond que tu dors et t'exiles,
Million d'oiseaux d'or, ô future Vigueur ? –

Mais, vrai, j'ai trop pleuré ! Les Aubes sont navrantes.
Toute lune est atroce et tout soleil amer :
L'âcre amour m'a gonflé de torpeurs enivrantes.
Ô que ma quille éclate ! Ô que j'aille à la mer !

Si je désire une eau d'Europe, c'est la flache
Noire et froide où vers le crépuscule embaumé
Un enfant accroupi plein de tristesses, lâche
Un bateau frêle comme un papillon de mai.

Je ne puis plus, baigné de vos langueurs, ô lames,
Enlever leur sillage aux porteurs de cotons,
Ni traverser l'orgueil des drapeaux et des flammes,
Ni nager sous les yeux horribles des pontons. »

(*Poésies*)

ÉMILE VERHAEREN
1855-1916

LE PORT

Toute la mer va vers la ville !

Son port est innombrable et sinistre de croix,
Vergues transversales barrant les grands mâts droits.

Son port est pluvieux de suie à travers brumes,
Où le soleil comme un œil rouge et colossal larmoie.

Son port est ameuté de steamers noirs qui fument
Et mugissent, au fond du soir, sans qu'on les voie.

Son port est fourmillant et musculeux de bras
Perdus en un fouillis dédalien d'amarres.

Son port est concassé de chocs et de fracas
Et de marteaux tonnant dans l'air leurs tintamarres.

Toute la mer va vers la ville !

Les flots qui voyagent comme les vents,
Les flots légers, les flots vivants,
Pour que la ville en feu l'absorbe et le respire
Lui rapportent le monde en des navires.
Les orients et les midis tanguent vers elle
Et les Nords blancs et la folie universelle
Et tous nombres dont le désir prévoit la somme.
Et tout ce qui se crée en un front d'homme,
Là-bas, dans l'inconnu des loins talismaniques,
Tend vers elle, cingle vers elle et vers ses luttes :

Elle est la ville en rut des humaines disputes,
Elle est la ville au clair des richesses uniques
Et les marins naïfs peignent ses caducées,
Sur leur peau rousse et crevassée,
À l'heure où l'ombre emplit les soirs océaniques.

Toute la mer va vers la ville !

Ô les Babels enfin réalisées !
Et les peuples fondus et la cité commune ;
Et les langues se dissolvant en une ;
Et la ville comme une main, les doigts ouverts,
Se refermant sur l'univers.

Dites, les docks bondés jusques au faîte !
Et la montagne, et le désert, et les forêts
Et leurs siècles captés comme en des rets ;
Dites, leurs blocs d'éternité : marbres et bois,
Que l'on achète,
Et que l'on vend au poids,
Et puis, dites ! les morts, les morts, les morts
Qu'il a fallu pour ces conquêtes.

Toute la mer va vers la ville !

La mer soudaine, ardente et libre,
Qui tient la terre en équilibre ;
La mer que domine la loi des multitudes ;
La mer où les courants tracent les certitudes ;
La mer et ses vagues coalisées,
Comme un désir multiple et fou,
Qui renversent des rocs depuis mille ans debout
Et retombent et s'effacent, égalisées ;
La mer dont chaque lame ébauche une tendresse
Ou voile une fureur, la mer plane ou sauvage
La mer qui inquiète et angoisse et oppresse
De l'ivresse de son image.

Toute la mer va vers la ville !

Son port est infini de quais plantés de feux
Où manœuvrent de grands leviers silencieux.

Son port est hérissé de tours dont les murs sonnent
D'un bruit souterrain d'eau qui gonfle et ronfle en elles.

Son port est lourd de blocs taillés, où des gorgones
Dardent le faisceau noir des vipères mortelles.

Son port est fabuleux de carènes sculptées
Dont les ventres d'argent vers des seins d'or s'exaltent.

Son port est solennel de tempêtes domptées
En des havres d'airain de schiste et de basalte.

(*Les Villes tentaculaires*, 1895)

JULES LAFORGUE
1860-1887

MÉDITATION GRISÂTRE

Sous le ciel pluvieux noyé de brumes sales,
Devant l'Océan blême, assis sur un îlot,
Seul, loin de tout, je songe, au clapotis du flot,
Dans le concert hurlant des mourantes rafales.

Crinière échevelée, ainsi que des cavales,
Les vagues se tordant arrivent au galop
Et croulent à mes pieds avec de longs sanglots
Qu'emporte la tourmente aux haleines brutales.

Partout le grand ciel gris, le brouillard et la mer ;
Rien que l'affolement des vents balayant l'air ;
Plus d'heures, plus d'humains, et solitaire, morne,

Je reste là, perdu dans l'horizon lointain
Et songe que l'espace est sans borne, sans borne,
Et que le temps n'aura jamais... jamais de fin.

(« Autres Complaintes », *Les Complaintes*)

SAINT-POL ROUX
1861-1940

PRIÈRE À L'OCÉAN
(extraits)

Océan :

Divinité de houles et de houles sur des gouffres et des gouffres,

Monstre glauque, semblable à quelque énorme gueule de baudroie suivie d'une incommensurable queue de congre,

Masse mouvante avec, pour âme, cette lame sourde jaillissant en lave d'un puits abyssal,

Époux de la tempête aux griffes de noroît et cheveux de suroît,

Génie double qui souques ta victime entre vent, arrière-vent et vent-debout,

Démon de verre cassant des vaisseaux comme on casse des noix,

Ogre aux dents de récif qui croque des tas d'hommes comme sur la terre nous croquons des pommes,

Nappe d'orgie sur quoi les flottilles sont les friandises, les escadres les gigots,

Insondable estomac où se digèrent les naufrages dont les épaves rares sur les flots figurent les os,

Diaphragme innombrable au muscle soulevé depuis les tréfonds inconnus jusqu'à l'éclair des nues,

Jungle liquide des sautes-de-vent accouplées aux brisants,

Harpagonie de trésors engloutis,

Joute des aventures d'or et des squales d'acier,

Cimetière dansant où les péris se heurtent, l'alliance au doigt,
Farouche pêle-mêle où tout se trouve – sauf un cœur, Océan...

Océan :
Ciel à l'envers,
Hublot de l'enfer,
Quelqu'un de formidable parmi tous les êtres,
Chose la plus grande parmi tant de choses,
Geste le plus vaste d'entre tous les gestes,
Majesté la première au rang des majestés,
Océan,
Catastrophe constante,
Agrégat de tourmentes,
Tragédie sans fin,
Oh fais taire tes orgues barbares du large !
Haut sur sa dune aux immortelles d'or
Un poète te parle !

Abaisse donc tes monts sabaothiques
De l'Iroise et des loins atlantiques,
Calme tes nerfs noués en pieuvres,
Scelle tes chiens-de-mer aux creux du Toulinguet,
Aspire ma présence de tes branchies toutes,
Puis, posant les pieds blancs de ton flux sur la grève,
Accueille en cette oreille qu'est ce coquillage
Les mots qui te descendent sur la brise tendre
Arrivée des vallons de l'Aulne et de l'Élorn !
Dis, mon grand
Si grand qu'il me semble sombrer dans ta barbe d'écume ;
Dis, mon grand si grand que me voici néant,
Vaine fourmi près d'un géant,
Dis, mon grand,
J'ose, moi le veilleur à la proue du vieux monde,
T'implorer pour ceux qui labourent ton onde.

(*L'Ancienne à la coiffe innombrable*)

MAURICE MAETERLINCK

1862-1949

CLOCHE À PLONGEUR

Ô plongeur à jamais sous sa cloche !
Toute une mer de verre éternellement chaude !
Toute une vie immobile aux lents pendules verts !
Et tant d'êtres étranges à travers les parois !
Et tout attouchement à jamais interdit !
Lorsqu'il y a tant de vie en l'eau claire au-dehors !

Attention ! l'ombre des grands voiliers passe sur les dahlias des forêts sous-marines ;
Et je suis un moment à l'ombre des baleines qui s'en vont vers le pôle !

En ce moment, les autres déchargent, sans doute, des vaisseaux pleins de neige dans le port !
Il y avait encore un glacier au milieu des prairies de Juillet !
Ils nagent à reculons en l'eau verte de l'anse !
Ils entrent à midi dans des grottes obscures !
Et les brises du large éventent les terrasses !

Attention ! voici les langues en flamme du Gulf-Stream !
Écartez leurs baisers des parois de l'ennui !
On n'a plus mis de neige sur le front des fiévreux ;
Les malades ont allumé un feu de joie,
Et jettent à pleines mains les lys verts dans les flammes !

Appuyez votre front aux parois les moins chaudes,
En attendant la lune au sommet de la cloche,
Et fermez bien vos yeux aux forêts de pendules bleus et d'albumines violettes, en restant sourd aux suggestions de l'eau tiède.

Essuyez vos désirs affaiblis de sueurs ;
Allez d'abord à ceux qui vont s'évanouir :
Ils ont l'air de célébrer une fête nuptiale dans une cave ;
Ils ont l'air d'entrer, à midi, dans une avenue éclairée de lampes au fond d'un souterrain ;
Ils traversent, en cortège de fête, un paysage semblable à une enfance d'orphelin.

Allez ensuite à ceux qui vont mourir.
Ils arrivent comme des vierges qui ont fait une longue promenade au soleil, un jour de jeûne ;
Ils sont pâles comme des malades qui écoutent pleuvoir placidement sur les jardins de l'hôpital ;
Ils ont l'aspect de survivants qui déjeunent sur le champ de bataille.
Ils sont pareils à des prisonniers qui n'ignorent pas que tous les geôliers se baignent dans le fleuve,
Et qui entendent faucher l'herbe dans le jardin de la prison.

(*Serres chaudes*)

MAX ELSKAMP
1862-1931

ÉTOILE DE LA MER

Et Marie de mes beaux navires,
Marie étoile de la mer,
Me voici triste et bien amer
D'avoir si mal tenté vous dire ;

Car Vous êtes beaucoup plus belle
– Et le savent les matelots –
Que ce pauvre chant mal à flot,
Car Vous êtes beaucoup plus belle.

Mais je n'en puis, ce sont les miens
Qui m'ont parlé trop de navires,
Et ce n'est qu'eux que je sais dire
Pour les avoir connus, combien !

Et, Marie, soyez bénévole
À ces syntaxes mal au clair,
Où Vous sauront mes gens de mer
Experte aux simples paroles,

Car je ne suis point l'infidèle
Pour vous avoir mal et peu dite,
Marie, qui savez que tacites
Sont ceux des voiles et des ailes.

(*La Louange de la vie*)

HENRI de RÉGNIER

1864-1936

IL EST UN PORT...

Il est un port
Avec des eaux d'huiles, de moires et d'or
Et des quais de marbre le long des bassins calmes,
Si calmes
Qu'on voit sur le fond qui s'ensable
Passer des poissons d'ombre et d'or
Parmi les algues,
Et la proue à jamais y mire dans l'eau stable
La Tête qui l'orne et s'endort
Au bruit du vent qui pousse sur les dalles
Du quai de marbre
Des poussières de sable d'or.

Il est un port.
Le silence y somnole entre des quais de songe.
Le passé en algues s'allonge
Aux oscillations lentes des poissons d'or ;
Le souvenir s'ensable d'oubli et l'ombre
Du soir est toute tiède du jour mort.
Qu'il soit un port
Où l'orgueil à la proue y dorme en l'eau qui dort !

(*Tel qu'en songe*)

PAUL-JEAN TOULET
1867-1920

NOCTURNE

Ô mer, toi que je sens frémir
À travers la nuit creuse,
Comme le sein d'une amoureuse
Qui ne peut pas dormir ;

Le vent lourd frappe la falaise...
Quoi ! si le chant moqueur
D'une sirène est dans mon cœur –
Ô cœur, divin malaise.

Quoi, plus de larmes, ni d'avoir
Personne qui vous plaigne...
Tout bas, comme d'un flanc qui saigne,
Il s'est mis à pleuvoir.

Sur l'océan couleur de feu
Pleurait un chœur immense
Et ces longs cris dont la démence
Semble percer l'enfer.

Et puis la mort, et le silence
Montant comme un mur noir.
... Parfois au loin se laissant voir
Un feu qui se balance.

(*Les Contrerimes*)

PAUL CLAUDEL
1868-1955

BALLADE

Les négociateurs de Tyr et ceux-là qui vont à leurs affaires aujourd'hui sur l'eau dans de grandes imaginations mécaniques,
Ceux que le mouchoir par les ailes de cette mouette encore accompagne quand le bras qui l'agitait a disparu,
Ceux à qui la vigne et leur champ ne suffisaient pas, mais Monsieur avait son idée personnelle sur l'Amérique,
Ceux qui sont partis pour toujours et qui n'arriveront pas non plus,
Tous ces dévoreurs de la distance, c'est la mer elle-même à présent qu'on leur sert, penses-tu qu'ils en auront assez ?
Qui une fois y a mis les lèvres ne lâche point facilement la coupe :
Ce sera long d'en venir à bout, mais on peut tout de même essayer.

Il n'y a que la première gorgée qui coûte.

Équipages des bâtiments torpillés dont on voit les noms dans les statistiques,
Garnisons des cuirassés tout à coup qui s'en vont par le plus court à la terre,
Patrouilleurs de chalutiers poitrinaires, pensionnaires de sous-marins ataxiques,
Et tout ce que décharge un grand transport pêle-mêle quand il se met la quille en l'air,
Pour eux tous voici le devoir autour d'eux à la mesure de cet horizon circulaire.
C'est la mer qui se met en mouvement vers eux, plus besoin d'y chercher sa route.

Il n'y a qu'à ouvrir la bouche toute grande et à se laisser
faire :

Ce n'est que la première gorgée qui coûte.

Qu'est-ce qu'ils disaient, la dernière nuit, les
passagers des grands transatlantiques,
La nuit même avant le dernier jour où le sans-fil a dit :
« Nous sombrons ! »
Pendant que les émigrants de troisième classe là-bas
faisaient timidement un peu de musique
Et que la mer inlassablement montait et redescendait à
chaque coupée du salon ?
« Les choses qu'on a une fois quittées, à quoi bon leur
garder son cœur ?
« Qui voudrait que la vie recommence quand il sait qu'elle
est finie toute ?
« Retrouver ceux qu'on aime serait bon, mais l'oubli est
encore meilleur :

Il n'y a que la première gorgée qui coûte. »

ENVOI

Rien que la mer à chaque côté de nous, rien que
cela qui monte et qui descend !
Assez de cette épine continuelle dans le cœur, assez de ces
journées goutte à goutte !
Rien que la mer éternelle pour toujours, et tout à la fois
d'un seul coup ! la mer et nous sommes dedans !

Il n'y a que la première gorgée qui coûte.

En mer, janvier 1917.

(*Feuilles de Saints*)

PAUL VALÉRY
1871-1945

LE CIMETIÈRE MARIN

Ce toit tranquille, où marchent des colombes,
Entre les pins palpite, entre les tombes ;
Midi le juste y compose de feux
La mer, la mer, toujours recommencée !
Ô récompense après une pensée
Qu'un long regard sur le calme des dieux !

Quel pur travail de fins éclairs consume
Maint diamant d'imperceptible écume,
Et quelle paix semble se concevoir !
Quand sur l'abîme un soleil se repose,
Ouvrages purs d'une éternelle cause,
Le Temps scintille et le Songe est savoir.

Stable trésor, temple simple à Minerve,
Masse de calme, et visible réserve,
Eau sourcilleuse, Œil qui gardes en toi
Tant de sommeil sous un voile de flamme,
Ô mon silence !... Édifice dans l'âme,
Mais comble d'or aux mille tuiles, Toit !

Temple du Temps, qu'un seul soupir résume,
À ce point pur je monte et m'accoutume,
Tout entouré de mon regard marin ;
Et comme aux dieux mon offrande suprême,
La scintillation sereine sème
Sur l'altitude un dédain souverain.

Comme le fruit se fond en jouissance,
Comme en délice il change son absence
Dans une bouche où sa forme se meurt,
Je hume ici ma future fumée,
Et le ciel chante à l'âme consumée
Le changement des rives en rumeur.

Beau ciel, vrai ciel, regarde-moi qui change !
Après tant d'orgueil, après tant d'étrange
Oisiveté, mais pleine de pouvoir,
Je m'abandonne à ce brillant espace,
Sur les maisons des morts mon ombre passe
Qui m'apprivoise à son frêle mouvoir.

L'âme exposée aux torches du solstice,
Je te soutiens, admirable justice
De la lumière aux armes sans pitié !
Je te rends pure à ta place première :
Regarde-toi !... Mais rendre la lumière
Suppose d'ombre une morne moitié.

Ô pour moi seul, à moi seul, en moi-même,
Auprès d'un cœur, aux sources du poème,
Entre le vide et l'événement pur,
J'attends l'écho de ma grandeur interne,
Amère, sombre et sonore citerne,
Sonnant dans l'âme un creux toujours futur !

Sais-tu, fausse captive des feuillages,
Golfe mangeur de ces maigres grillages,
Sur mes yeux clos, secrets éblouissants,
Quel corps me traîne à sa fin paresseuse,
Quel front l'attire à cette terre osseuse ?
Une étincelle y pense à mes absents.

Fermé, sacré, plein d'un feu sans matière,
Fragment terrestre offert à la lumière,
Ce lieu me plaît, dominé de flambeaux,
Composé d'or, de pierre et d'arbres sombres,
Où tant de marbre est tremblant sur tant d'ombres ;
La mer fidèle y dort sur mes tombeaux !

Chienne splendide, écarte l'idolâtre !
Quand solitaire au sourire de pâtre,
Je pais longtemps, moutons mystérieux,
Le blanc troupeau de mes tranquilles tombes,
Éloignes-en les prudentes colombes,
Les songes vains, les anges curieux !

Ici venu, l'avenir est paresse.
L'insecte net gratte la sécheresse ;
Tout est brûlé, défait, reçu dans l'air
À je ne sais quelle sévère essence...
La vie est vaste, étant ivre d'absence,
Et l'amertume est douce, et l'esprit clair.

Les morts cachés sont bien dans cette terre
Qui les réchauffe et sèche leur mystère.
Midi là-haut, Midi sans mouvement
En soi se pense et convient à soi-même...
Tête complète et parfait diadème,
Je suis en toi le secret changement.

Tu n'as que moi pour contenir tes craintes !
Mes repentirs, mes doutes, mes contraintes
Sont le défaut de ton grand diamant...
Mais dans leur nuit toute lourde de marbres,
Un peuple vague aux racines des arbres
A pris déjà ton parti lentement.

Ils ont fondu dans une absence épaisse,
L'argile rouge a bu la blanche espèce,
Le don de vivre a passé dans les fleurs !
Où sont des morts les phrases familières,
L'art personnel, les âmes singulières ?
La larve file où se formaient des pleurs.

Les cris aigus des filles chatouillées,
Les yeux, les dents, les paupières mouillées,
Le sein charmant qui joue avec le feu,
Le sang qui brille aux lèvres qui se rendent,
Les derniers dons, les doigts qui les défendent,
Tout va sous terre et rentre dans le jeu !

Et vous, grande âme, espérez-vous un songe
Qui n'aura plus ces couleurs de mensonge
Qu'aux yeux de chair l'onde et l'or font ici ?
Chanterez-vous quand serez vaporeuse ?
Allez ! Tout fuit ! Ma présence est poreuse,
La sainte impatience meurt aussi !

Maigre immortalité noire et dorée,
Consolatrice affreusement laurée,
Qui de la mort fais un sein maternel,
Le beau mensonge et la pieuse ruse !
Qui ne connaît, et qui ne les refuse,
Ce crâne vide et ce rire éternel !

Pères profonds, têtes inhabitées,
Qui sous le poids de tant de pelletées,
Êtes la terre et confondez nos pas,
Le vrai rongeur, le ver irréfutable
N'est point pour vous qui dormez sous la table,
Il vit de vie, il ne me quitte pas !

Amour, peut-être, ou de moi-même haine ?
Sa dent secrète est de moi si prochaine
Que tous les noms lui peuvent convenir !
Qu'importe ! Il voit, il veut, il songe, il touche !
Ma chair lui plaît, et jusque sur ma couche,
À ce vivant je vis d'appartenir !

Zénon ! Cruel Zénon ! Zénon d'Élée !
M'as-tu percé de cette flèche ailée
Qui vibre, vole, et qui ne vole pas !
Le son m'enfante et la flèche me tue !
Ah ! le soleil... Quelle ombre de tortue
Pour l'âme, Achille immobile à grands pas !

Non, non !... Debout ! Dans l'ère successive !
Brisez, mon corps, cette forme pensive !
Buvez, mon sein, la naissance du vent !
Une fraîcheur, de la mer exhalée,
Me rend mon âme... Ô puissance salée !
Courons à l'onde en rejaillir vivant !

Oui ! Grande mer de délires douée,
Peau de panthère et chlamyde trouée
De mille et mille idoles du soleil,
Hydre absolue, ivre de ta chair bleue,
Qui te remords l'étincelante queue
Dans un tumulte au silence pareil,

Le vent se lève !... Il faut tenter de vivre !
L'air immense ouvre et referme mon livre,
La vague en poudre ose jaillir des rocs !
Envolez-vous, pages tout éblouies !
Rompez, vagues ! Rompez d'eaux réjouies
Ce toit tranquille où picoraient des focs !

(*Charmes*)

FERNAND GREGH
1873-1960

MARINE

Les mâts geignent sous les voiles,
Doucement,
Et bercent dans le gréement
Les étoiles.

Et le roulis est si doux,
Si tranquille,
Que le pont semble immobile
Devant nous,

Et qu'à travers le ciel libre,
Au vent frais
Où l'écheveau des agrès
Tremble et vibre,

On dirait que, dans l'air bleu,
Oscillante,
C'est toute la nuit qui, lente,
Roule un peu...

À peine si la mer gronde
Aux bords sourds
D'un récif que bat toujours
L'eau profonde.

L'humble odeur des foins fauchés
Du rivage
Glisse avec l'odeur sauvage
Des rochers.

L'ombre est orageuse et chaude ;
Dans les flots,
Un marsouin, près des hublots,
Souffle et rôde.

Et, sourd murmure à l'avant
Monotone,
J'écoute l'eau qui moutonne,
En rêvant.

Oui, ce soir, dans le silence
De la nuit,
Le monde sans fin, sans bruit,
Se balance...

– Et je suis aussi bercé
Sur l'eau grise,
Je me sens parmi la brise
Balancé,

Au long murmure de la grève
Doux-amer,
Par deux infinis, la mer
Et le rêve...

(*Les Couleurs de la vie*)

HENRY J.-M. LEVET
1874-1906

OUTWARDS

à Francis Jammes

L'*Armand-Béhic* (des Messageries Maritimes)
File quatorze nœuds sur l'océan Indien...
Le soleil se couche en des confitures de crimes,
Dans cette mer plate comme avec la main.

– Miss Roseway, qui se rend à Alélaïde,
Vers le *Sweet Home* au fiancé australien,
Miss Roseway, hélas, n'a cure de mon spleen ;
Sa lorgnette sur les Laquedives, au loin...

– Je vais me préparer – sans entrain ! – pour la fête
De ce soir : sur le pont, lampions, danses, romances
(Je dois accompagner miss Roseway qui quête

– Fort gentiment – pour les familles des marins
Naufragés !) Oh, qu'en une valse lente, ses reins
À mon bras droit, je l'entraîne sans violence

Dans un naufrage où Dieu reconnaîtrait les siens...

(*Poèmes*, 1943)

LÉON-PAUL FARGUE
1876-1947

KIOSQUES

En vain la mer fait le voyage
Du fond de l'horizon pour baiser tes pieds sages,
Tu les retires
Toujours à temps.

Tu te tais, je ne dis rien.
Nous n'en pensons pas plus, peut-être.
Mais les lucioles de proche en proche
Ont tiré leur lampe de poche
Tout exprès pour faire briller
Sur tes yeux calmes cette larme
Que je fus un jour obligé de boire.
La mer est bien assez salée.

Puis une méduse blonde et bleue
Qui veut s'instruire en s'attristant
Traverse les étages bondés de la mer,
Nette et claire comme un ascenseur,
Et décoiffe sa lampe à fleur d'eau
Pour te voir feindre sur le sable
Avec ton ombrelle, en pleurant,
Les trois cas d'égalité des triangles.

(« Ludions », in *Poésies*)

O.V. de L. MILOSZ
1877-1939

LA MER

Salut, belle Thétis, mère des destinées !
Ce n'est point pour me plaindre ou pour pleurer mes morts
Que, le front ceint de fleurs, je reviens sur tes bords ;
Je n'ai plus rien à dire aux rapides années
Qui m'ont fui dans les vents toutes voiles dehors.
Comme tes profondeurs mes regards sont tranquilles :
Ils se sont délivrés du stérile souci
De scruter longuement l'horizon obscurci
Afin d'y découvrir ces merveilleuses îles
Où la joie et l'amour sont mortels comme ici.
La vie en nous quittant nous apprend qui nous sommes :
Il se fait tard, Thétis, dans le ciel de mon jour ;
J'ai perdu ma jeunesse ; elle a fui sans retour ;
Je suis trop grand aussi pour les filles des hommes ;
Elles ne peuvent pas comprendre mon amour.
Mon amour est si grand que nulle créature
N'oserait l'approcher, ne saurait le nourrir ;
Il lui faut tout l'espoir et tout le souvenir,
Tout ce qui pleure et rit, la profonde Nature,
La mère au large sein qui ne sait pas mourir.
Heureux qui s'abandonne à la tendresse humaine
Et qui reçoit du monde autant qu'il a donné !
J'ai semé le grain d'or et n'ai pas moissonné ;
Mais je porte en mon âme indulgente et hautaine
La consolation d'avoir tout pardonné.
C'est pourquoi j'ose aimer la plus belle de toutes,

Celle qui sous le joug d'un labeur incessant
Porta toute la vie en son sein frémissant,
À l'homme aventureux ouvrit ses larges routes.
Et je veux seulement que soit pure de brume
Des horizons d'été la sainte profondeur
Et qu'au large des mers quelque oiseau migrateur
S'attachant aux longs plis de mon linceul d'écume
Puisse se rassasier de l'amour de mon cœur.

(« Les Éléments », in *Poésies II*)

VICTOR SEGALEN
1878-1919

UN JOUR LARGE
(fragment)

Un jour large, d'une étendue inquiétante : le ciel est double : le dessus et le dessous sont semblables et le sol manque à vos pieds. Déroulez donc tout d'un coup ce qui peut tenir d'espace entre vos deux bras ; puis, ne bougez plus : il n'est rien qui doive changer dans cet horizon isotrope...

Et pourtant, sous vos yeux, cela change de peau, de couleur et d'humeur : cela n'est rien qui s'humilie comme la route. Et pourtant, pénétré du soc des carènes, cela est lacéré par les filets, battu par les rames, habité par des êtres myriadaires comme des oiseaux dans le vent.

Cela est plus vieux et fondamental que le continent solide : c'est la dormeuse, la pleureuse, la volubile mer dont on va dire le nom (que tant de voyageurs ignorent)... Mais, ni la mer du Golfe où trois journées mènent d'un cap jusqu'à l'autre – ni les eaux chaudes où les poissons filent comme des flèches et battent de leurs ailes libellules... Ni la Glacée, qui porte durant les mois d'hiver. Celle-ci n'est pas froide et n'est pas chaude ; tiède juste au degré des larmes et de la pluie d'orage. Elle n'est point ici ou là. On la connaît tout d'un coup, devant soi, quand on espérait l'avoir fuie. C'est la mer de la Grande Nostalgie.

(*Peintures*)

GUILLAUME APOLLINAIRE
1880-1918

L'ÉMIGRANT DE LANDOR ROAD

à André Billy

Le chapeau à la main il entra du pied droit
Chez un tailleur très chic et fournisseur du roi
Ce commerçant venait de couper quelques têtes
De mannequins vêtus comme il faut qu'on se vête

La foule en tous les sens remuait en mêlant
Des ombres sans amour qui se traînaient par terre
Et des mains vers le ciel plein de lacs de lumière
S'envolaient quelquefois comme des oiseaux blancs

Mon bateau partira demain pour l'Amérique
                Et je ne reviendrai jamais
Avec l'argent gagné dans les prairies lyriques
Guider mon ombre aveugle en ces rues que j'aimais

Car revenir c'est bon pour un soldat des Indes
Les boursiers ont vendu tous mes crachats d'or fin
Mais habillé de neuf je veux dormir enfin
Sous des arbres pleins d'oiseaux muets et de singes

Les mannequins pour lui s'étant déshabillés
Battirent leurs habits puis les lui essayèrent
Le vêtement d'un lord mort sans avoir payé
Au rabais l'habilla comme un millionnaire

                Au-dehors les années
                Regardaient la vitrine
                Les mannequins victimes
                Et passaient enchaînées

Intercalées dans l'an c'étaient les journées veuves
Les vendredis sanglants et lents d'enterrements
De blancs et de tout noirs vaincus des cieux qui pleuvent
Quand la femme du diable a battu son amant

Puis dans un port d'automne aux feuilles indécises
Quand les mains de la foule y feuillolaient aussi
Sur le pont du vaisseau il posa sa valise
Et s'assit

Les vents de l'Océan en soufflant leurs menaces
Laissaient dans ses cheveux de longs baisers mouillés
Des émigrants tendaient vers le port leurs mains lasses
Et d'autres en pleurant s'étaient agenouillés

Il regarda longtemps les rives qui moururent
Seuls des bateaux d'enfant tremblaient à l'horizon
Un tout petit bouquet flottant à l'aventure
Couvrit l'Océan d'une immense floraison

Il aurait voulu ce bouquet comme la gloire
Jouer dans d'autres mers parmi tous les dauphins
Et l'on tissait dans sa mémoire
Une tapisserie sans fin
Qui figurait son histoire

Mais pour noyer changées en poux
Ces tisseuses têtues qui sans cesse interrogent
Il se maria comme un doge
Aux cris d'une sirène moderne sans époux

Gonfle-toi vers la nuit Ô Mer Les yeux des squales
Jusqu'à l'aube ont guetté de loin avidement
Des cadavres de jours rongés par les étoiles
Parmi le bruit des flots et les derniers serments

(*Alcools*)

LUC DURTAIN
1881-1959

MER DU NORD, I

Angles de mer à droite, à gauche,
Qui se succèdent opposés :
Parfois, quand le tangage tire,
La lourde hélice sort des vagues
Et son pouvoir me fait trembler.

Je me saisis du bastingage
Gros comme une cuisse et observe
Au loin l'origine d'un flot :
Il se gonfle, se précipite,

Coups de thorax, hauteur d'épaules,
Et puis déjà la barbe blanche...
Commandée par cent faits à barbe
La mer, en vain naissante et claire,
Est odieuse – sous le soleil.

Hé fuyard, vide ici ta bile !
Vomis, toi qui retrouves dans
Les forces du flot minéral
(Ou du blanc ciel pulvérulent)
L'ordre social et les visages.

(*Kong Harald*, éd. Crès, 1914)

VALERY LARBAUD
1881-1957

OCÉAN INDIEN

Oh, la nuit d'été tropical !
Des atolls d'étincellements émergeant d'abîmes bleuâtres !
Le Crucero flamboyant !
Oh, m'étendre sur le pont d'un grand navire
En route vers l'Insulinde,
Nu, et béer à l'infini béant sur moi.
(Mon cœur d'enfant abandonné, ô cher malade,
Mon cœur serait content de ta main à presser,
Dans cette ombre en feu des nuits
Éblouissantes où je voudrais pouvoir m'envoler.)
Sur les navires d'autrefois, tout pavoisés,
Dont la poupe était un palais aux cent fenêtres dorées,
Et que surmontait un Himalaya de toiles,
On n'avait pas, ininterrompue, cette palpitation des étoiles,
Cette vision de la Création, immensément
Silencieuse – sur la tête, tout déroulé, le firmament.
Je désire un matin de printemps, un peu grisâtre, dans la chambre d'hôtel,
La fenêtre ouverte en coin sur la rue de Noailles, à l'air frais,
Et voir là-bas (cinq heures, pas encore de tramways)
Le calme Vieux-Port et les bateaux du Château d'If.

(*Les Poésies d'A.O. Barnabooth*)

UN MINUIT EN MER...

Un minuit en mer comme il y en a tant :
Le Cunarder au bruit doux sur la mer sans lune.
Il ferait chaud, n'était ce vent.
Le bruit de la vague la plus voisine :
          un éclaboussement ;
Et l'autre vague un peu plus loin : une aspersion ;
Et l'autre encore : un grondement lointain ;
Et l'autre, se retournant, fait « Chut ! »
Et toutes les vagues de la mer longtemps murmurent.
Les salons sont pleins de lumière sous les ponts,
Et pleins de Messieurs en noir et de Dames
          en robes basses.
Savoure, ô faible cœur, l'angoisse de cette heure.
Ne songe plus qu'à ton enfance. Quoi, tu pleures ?
Non, non, ne pleure pas : écoute les tziganes
Qui jouent dans la restauration, à l'arrière...
Le poète est debout auprès de sa compagne
Étendue sur un divan, sous les fourrures, à l'avant,
« Un ange, une jeune Espagnole » qui par instants,
Pensant à lui, lui dit à mi-voix : « Mein Liebling ! »
Et de nouveau le bruit indifférent des vagues.
Tiens, un éclair !
Mais non ; ce n'est pas possible ; il fait beau temps...
Et toujours le vent et le bruit des flots sans fin...
Encore un ! Là, là-bas, regarde !
C'est toujours dans ce même coin du ciel.
Ça passe comme une faux sur des avoines.
Tiens, encore ;
Ça dure une seconde à peine. On dirait
Que cela tourne.

Là : il passe !.
J'ai vu le feu tourner , le phare, comme un dément
Tourne sa tête flamboyante dans la nuit, géant derviche,
Et, dans son vertige de lumière,
Il éclaire la route de campagne, la haie en fleur,
        la chaumière,
Et le bicycliste attardé, et la voiture du médecin
        sur la lande,
Et les abîmes déserts où le paquebot fait route.
J'ai vu le feu tourner, et je me tais.
Demain matin, les gens du salon, montant sur le pont
Où le vent piquera leurs joues et leurs yeux froids,
Crieront : « La Terre ! »
Et s'extasieront dans leurs cache-nez.

(« Europe », I, fragment, in *Les Poésies d'A. O. Barnabooth*)

GUY LAVAUD

1883-1958

PARFOIS L'OISEAU

Parfois l'oiseau qui a traversé l'océan,
Épuisé, sans un cri, en vue des grèves tombe ;
Mais, lui, qu'il a crié d'un long gémissement
Quand son flanc délicat heurta le bord du monde !

Le ressac l'a roulé, les lames l'ont battu.
Il chassa sous le vent comme une feuille morte.
Le printemps a revu son dur squelette nu
Comme un fantôme froid sur la douceur des tombes.
Épaves, revenues, lourdes, dans le jusant,
Souvenirs surnageant tout un grand gouffre d'ombre,
Maintenant, dans le feu, renaît, étincelant,
Son blanc vol de voilier sous la lumière blonde.

Pâles océanies, orients de rubis,
Ô mirages éclos dans l'étambot qui brûle,
Torches bleues des goudrons, si vertes Tahitis,
Tout ce qu'un vaisseau suit aux mondes qui reculent.
Toi, Tasmanie, et vous, baleiniers d'Eoa,
Spirales diaprées qui montent des peintures.
Et toi, ces miniums qui se tordent, Java,
Terre de cuivre et d'or, folles fièvres qui durent,
Les cymbales, les fruits, les pierres, les anneaux,
Les claires draperies sur les torses de bronze,
Vos éblouissements de toujours, matelots,
Et la mer qui blanchit sur la coque qui sombre,
Ce sont ses jours, ses nuits de voilier s'envolant,
Ses jours de dure mer et de bonace longue
Et cet enivrement de savoir sous le vent
Tout un vierge inconnu dans l'infini du songe !

JULES SUPERVIELLE
1884-1960

DÉPART

Un paquebot dans sa chaudière
Brûle les chaînes de la terre.

Mille émigrants sur les trois ponts
N'ont qu'un petit accordéon.

On hisse l'ancre, dans ses bras
Une sirène se débat

Et plonge en mer si offensée
Qu'elle ne se voit pas blessée.

Grandit la voix de l'Océan
Qui rend les désirs transparents.

Les mouettes font diligence
Pour qu'on avance, qu'on avance.

Le large monte à bord, pareil
À un aveugle aux yeux de sel.

Dans l'espace avide, il s'élève
Lentement au mât de misaine.

(*Gravitations*)

SOUS LE LARGE

Les poissons des profondeurs
Qui n'ont d'yeux ni de paupières
Inventèrent la lumière
Pour les besoins de leur cœur.

Ils en mandent une bulle
Loin des jours et des années,
Vers la surface où circule
L'océane destinée.

Un navire coule à pic,
Houle dans les cheminées,
Et la coque déchirée
Laisse la chaudière à vif.

Dans le fond d'une cabine
Une lanterne enfumée
Frappe le hublot fermé
Sur les poissons de la nuit.

(*Gravitations*)

LA MER PROCHE

La mer n'est jamais loin de moi,
Et toujours familière, tendre,
Même au fond des plus sombres bois
À deux pas elle sait m'attendre.
Même en un cirque de montagnes
Et tout enfoncé dans les terres,
Je me retourne et c'est la mer,
Toutes ses vagues l'accompagnent,
Et sa fidélité de chien
Et sa hauteur de souveraine,
Ses dons de vie et d'assassin,
Énorme et me touchant à peine,
Toujours dans sa grandeur physique,
Et son murmure sans un trou,
Eau, sel, s'y donnant la réplique,
Et ce qui bouge là-dessous.
Ainsi même loin d'elle-même,
Elle est là parce que je l'aime,
Elle m'est douce comme un puits,
Elle me montre ses petits,
Les flots, les vagues, les embruns
Et les poissons d'argent ou bruns.
Immense, elle est à la mesure
De ce qui fait peur ou rassure.
Son museau, ses mille museaux
Sont liquides ou font les beaux,
Sa surface s'amuse et bave
Mais, faites de ces mêmes eaux,
Comme ses profondeurs sont graves !

(*Oublieuse Mémoire*)

JEAN de LA VILLE de MIRMONT
(1886-1914)

L'HORIZON CHIMÉRIQUE

I

Je suis né dans un port et depuis mon enfance
J'ai vu passer par là des pays bien divers.
Attentif à la brise et toujours en partance,
Mon cœur n'a jamais pris le chemin de la mer.

Je connais tous les noms des agrès et des mâts,
La nostalgie et les jurons des capitaines,
Le tonnage et le fret des vaisseaux qui reviennent
Et le sort des vaisseaux qui ne reviendront pas.

Je présume le temps qu'il fera dès l'aurore,
La vitesse du vent et l'orage certain,
Car mon âme est un peu celle des sémaphores,
Des balises, leurs sœurs, et des phares éteints.

Les ports ont un parfum dangereux pour les hommes
Et si mon cœur est faible et las devant l'effort,
S'il préfère dormir dans de lointains arômes,
Mon Dieu, vous le vouliez, je suis né dans un port.

II

Par l'appel souriant de sa claire étendue
Et les feux agités de ses miroirs dansants,
La mer, magicienne éblouissante et nue,
Éveille aux grands espoirs les cœurs adolescents.

Pour tenter de la fuir leur effort est stérile ;
Les moins aventureux deviennent ses amants,
Et, dès lors, un regret éternel les exile,
Car l'on ne guérit point de ses embrassements.

C'est elle, la première, en ouvrant sa ceinture
D'écume, qui m'offrit son amour dangereux
Dont mon âme a gardé pour toujours la brûlure
Et dont j'ai conservé le reflet dans mes yeux.

V

Vaisseaux, nous vous aurons aimés en pure perte ;
Le dernier de vous tous est parti sur la mer.
Le couchant emporta tant de voiles ouvertes
Que ce port et mon cœur sont à jamais déserts.

La mer vous a rendus à votre destinée,
Au-delà du rivage où s'arrêtent nos pas.
Nous ne pouvions garder vos âmes enchaînées ;
Il vous faut des lointains que je ne connais pas.

Je suis de ceux dont les désirs sont sur la terre.
Le souffle qui vous grise emplit mon cœur d'effroi,
Mais votre appel, au fond des soirs, me désespère,
Car j'ai de grands départs inassouvis en moi.

(*L'Horizon chimérique*)

SAINT-JOHN PERSE
1887-1975

ET VOUS, MERS
(extraits)

3

Poésie pour accompagner la marche d'une récitation en l'honneur de la Mer.

Poésie pour assister le chant d'une marche au pourtour de la Mer.

Comme l'entreprise du tour d'autel et la gravitation du chœur au circuit de la strophe.

Et c'est un chant de mer comme il n'en fut jamais chanté, et c'est la Mer en nous qui le chantera :

La Mer, en nous portée, jusqu'à la satiété du souffle et la péroraison du souffle,

La Mer, en nous, portant son bruit soyeux du large et toute sa grande fraîcheur d'aubaine par le monde.

Poésie pour apaiser la fièvre d'une veille au périple de mer. Poésie pour mieux vivre notre veille au délice de mer.

Et c'est un songe en mer comme il n'en fut jamais songé, et c'est la Mer en nous qui le songera :

La Mer, en nous tissée, jusqu'à ses ronceraies d'abîme, la Mer, en nous, tissant ses grandes heures de lumière et ses grandes pistes de ténèbres –

Toute licence, toute naissance et toute résipiscence, la Mer ! la Mer ! à son afflux de mer,

Dans l'affluence de ses bulles et la sagesse infuse de son lait, ah ! dans l'ébullition sacrée de ses voyelles – les saintes filles! les saintes filles ! –

La Mer elle-même tout écume, comme Sibylle en fleurs sur sa chaise de fer...

4

Ainsi louée, serez-vous ceinte, ô Mer, d'une louange sans offense.

Ainsi conviée serez-vous l'hôte dont il convient de taire le mérite.

Et de la Mer elle-même il ne sera question, mais de son règne au cœur de l'homme :

Comme il est bien, dans la requête au Prince, d'interposer l'ivoire ou bien le jade

Entre la face suzeraine et la louange courtisane.

Moi, m'inclinant en votre honneur d'une inclinaison sans bassesse,

J'épuiserai la révérence et le balancement du corps ;

Et la fumée encore du plaisir enfumera la tête du fervent,

Et le délice encore du mieux dire engendrera la grâce du sourire...

Et de salutation telle serez-vous saluée, ô Mer, qu'on s'en souvienne pour longtemps comme d'une récréation du cœur.

(*Amers*)

BLAISE CENDRARS

1887-1961

PORTO LEIXOES

On arrive tard et c'est dimanche
Le port est un fleuve déchaîné
Les pauvres émigrants qui attendent que les autorités viennent à bord sont rudement secoués dans de pauvres petites barques qui montent les unes sur les autres sans couler
Le port a un œil malade l'autre crevé
Et une grue énorme s'incline comme un canon à longue portée

ÎLES

Îles
Îles
Îles où l'on ne prendra jamais terre
Îles où l'on ne descendra jamais
Îles couvertes de végétations
Îles tapies comme des jaguars
Îles muettes
Îles immobiles
Îles inoubliables et sans nom
Je lance mes chaussures par-dessus bord car je voudrais bien aller jusqu'à vous

L'ÉQUATEUR

L'océan est d'un bleu noir le ciel bleu est pâle à côté
La mer se renfle tout autour de l'horizon
On dirait que l'Atlantique va déborder sur le ciel
Tout autour du paquebot c'est une cuve d'outremer pur

BAHIA

Lagune églises palmiers maisons cubiques
Grandes barques avec deux voiles rectangulaires renversées qui ressemblent aux jambes immenses d'un pantalon que le vent gonfle
Petites barquettes à aileron de requin qui rebondissent entre les lames de fond
Grands nuages perpendiculaires renflés colorés comme des poteries
Jaunes et bleues

SILLAGE

La mer continue à être d'un bleu de mer
Le temps continue à être le plus beau temps que j'ai jamais connu en mer
Cette traversée continue à être la plus calme et la plus dépourvue d'incidents que l'on puisse imaginer

(*Feuilles de route*)

PIERRE REVERDY
1889-1960

FORTE MER

Devant le bateau immobile
Quelqu'un qui attend
C'est le port qui bouge
Il fait trop de vent
le niveau de l'eau change
tant la mer est lasse
Tout devient plus grand
Le marin qui passe arrive en retard
D'où vient l'air qu'il a
Et sa tête basse
la sortie du bar
Tout l'équipage est dans les mâts
Un oiseau s'efface
Sur le ciel plus plat
Tout le monde a peur
Quand la casquette l'air et les nombreux visages
le vent a tout mêlé dans un même nuage

(« Cravates de chanvre », in *Plupart du temps*)

JEAN COCTEAU

1889-1963

LE PRINTEMPS AU FOND DE LA MER

Le fond de la mer a ses saisons. Comme sur la terre, le printemps est une des plus belles. Le corail bourgeonne et les éponges respirent l'eau bleue à pleins poumons. Une forêt de cerfs rouges écoute un bruit d'hélice. Il arrive de très haut dans les cieux de la mer. Quelquefois, un aéronaute tombe des cieux de la mer. Il tombe lentement et se roule dans le sable. Les fleurs dorment debout et il y en a une foule qui disent adieu. Les poissons manchots se posent dessus. Ils donnent de gros baisers à la mer. À cause de l'éclairage et du décor on se croirait souvent chez le photographe. Un panache de globules gazouille dans le coin. Il s'échappe du petit robinet qui change l'eau salée.

(*Poésie 1916-1923*)

THÉOPHILE BRIANT
1891-1956

NUIT OCÉANE

Dans la nuit belle comme un tombeau
les maisons se sont endormies
les maisons respirent la nuit
dormeurs au flanc des paquebots.

Par l'Océan des syzygies
sunlights des nocturnes vigies
villes de lumière cinglez loin des douleurs
sombre muraille en marche au péril du Fromveur
arche palace de viveurs.

Sur la mer ténébreuse où croise le Saturne
à l'avant somnolent du gratte-ciel de lune
la petite lampe témoin est allumée
procession des dormants vers l'abîme étoilé
aux dômes du silence et de l'immensité.

(*Poèmes*)

PAUL ÉLUARD
1895-1952

MARINES

à Alberto Giacometti

I

Je me suis pris à caresser
La mer qui hume les orages.

II

Ma bouche au ras des flots buveuse de paroles
Prenant l'or au soleil sur un chemin d'or chaud
Comme foule pressée entraînée exaltée
Les vagues les étés dans cet arbre ajouré
Dans cet arbre accessible aux couleurs et aux hommes
Leur azur leur ciel pur le mélange des eaux
Leur dentelle et la flamme du matin désert
Deux vallées trois sommets s'unissent font la chaîne
L'océan qui me mène a le destin du ciel
Et la vague initiale amenuise un nuage.

III

Miroir ouvert sur ces oiseaux uniques
Qui tremblent d'aise à chaque goutte d'eau.

IV

L'herbe grande d'océan
Sur les sables assoupis

La fleur de fille marine
Les astres vierges en fête
Midi blanc dans les fonds noirs
Et dans le filet l'hiver

L'injure jetée au vent
À la vague du tombeau.

V

Tout au plus un navire
Tout au plus un navire à demi englouti
Comme un poignard dans sa blessure
Connaît encore l'ombre

Tout au plus un radeau
La mort simple
Et la mer est plus vide qu'un ivrogne pauvre.

VI

Dernière vague ivresse de vieillard
Les solubles coteaux et la lune risible
N'ont trouvé dans mon cœur qu'un espace restreint
Et la mer dans le ciel n'est qu'une goutte d'eau.

(*Le Livre ouvert II*)

ANTONIN ARTAUD
1896-1948

LE NAVIRE MYSTIQUE

Il se sera perdu le navire archaïque
Aux mers où baigneront mes rêves éperdus,
Et ses immenses mâts se seront confondus
Dans les brouillards d'un ciel de Bible et de Cantiques.

Et ce ne sera pas la grecque bucolique
Qui doucement jouera parmi les arbres nus ;
Et le Navire Saint n'aura jamais vendu
La très rare denrée aux pays exotiques.

Il ne sait pas les feux des havres de la terre,
Il ne connaît que Dieu, et sans fin, solitaire,
Il sépare les flots glorieux de l'Infini.

Le bout de son beaupré plonge dans le Mystère ;
Aux pointes de ses mâts tremble toutes les nuits
L'Argent mystique et pur de l'étoile polaire.

1913

(« Premiers Poèmes », in *Œuvres complètes I*)

LOUIS ARAGON
1897-1982

L'ESCALE

Les voyageurs d'Europe entre eux parlaient d'affaires
Les yeux de la vigie adoraient l'horizon
Dans la cale où valsaient d'obscures salaisons
Le rêve des mutins se tordait dans les fers
Oublions qu'ils ont soif puisque nous nous grisons
Sur le pont-promenade on joue un jeu d'enfer
Des marchands de bétail que les vents décoiffèrent
En quatre coups de dés perdaient leur cargaison

Soudain le ciel blanchit et des rochers s'escarpent
Pure comme une nuit découpée aux ciseaux
C'est une île Voyez sa couronne d'oiseaux
Les dauphins alentour sautent comme des carpes
La mer qui vient briser contre elle son biseau
D'écume en soupirant l'entoure d'une écharpe
Avez-vous entendu la tristesse des harpes
Aux doigts musiciens qui caressent les eaux

De quel prédestiné Dame de délivrance
Attends-tu sur la pierre noire la venue
Blanche à qui l'acier bleu cercle les poings menus
Où saignent les rubis d'un bracelet garance
Les marins regardaient cette femme inconnue
Étrangement parée aux couleurs de souffrance
Attachée au récif bordé d'indifférence
Si belle qu'on tremblait de voir qu'elle était nue

Andromède Andromède ô tendre prisonnière
N'est-ce pas toi qui pleures et Méduse qui rit
Le moderne Persée aurait-il entrepris
Sur le cheval volant l'école buissonnière

Aux jours que nous vivons les héros ont péri
Je n'attends plus des Dieux que l'injure dernière
Va dire qu'Andromède est morte à sa manière
Dans ses cheveux dorés en rêvant de Paris

Va dire au monde sourd qu'une seule Andromède
Qu'il croit au cœur des mers à jamais oubliée
Peut esclave mourir à son rocher liée
Méduse aux yeux d'argent tourne autour d'elle mais
De nuit le rossignol fait peur aux sangliers
Car toute tyrannie en soi porte remède
Ah soulevez le ciel millions d'Archimèdes
Qui chantez ma chanson géants humiliés

La mer comme le sable est sujette aux mirages
L'espace efface un pli dans son rideau mouvant
J'avais cru voir une île à l'aisselle du vent
Et celle qui criait la langue des naufrages
N'est que l'illusion qui me reprend souvent
Depuis qu'ayant quitté les terres sans courage
Plus oisif que l'oiseau j'ai choisi pour ouvrage
De guetter le soleil sur le gaillard d'avant

J'escompte vainement les escales du sort
Terre Mais ce n'est pas la terre où tu naquis
Quel calme On se croirait dans un pays conquis
Les passagers vêtus de tweed et de tussor
Trouvent que ce voyage est tout à fait exquis
La mer est une reine Eux ses princes-consorts

Et la vie a passé comme ont fait les Açores
Dit le poète Vladimir Maïakovski

(*Les Yeux d'Elsa*)

MARCEL THIRY
1897-1977

TOI QUI PÂLIS

Toi qui pâlis au nom de Vancouver,
Tu n'as pourtant fait qu'un banal voyage ;
Tu n'as pas vu la Croix du Sud, le vert
Des perroquets ni le soleil sauvage.

Tu t'embarquas à bord de maint steamer,
Nul sous-marin ne t'a voulu naufrage ;
Sans grand éclat tu servis sous Stürmer,
Pour déserter tu fus toujours trop sage.

Mais qu'il suffise à ton retour chagrin
D'avoir été ce soldat pérégrin
Sur le trottoir des villes inconnues,

Et, seul, un soir, dans un bar de Broadway,
D'avoir aimé les grâces Greenaway
D'une Allemande aux mains savamment nues.

PARCE QU'UN REMORQUEUR

Parce qu'un remorqueur brame devant l'écluse,
Tu pars ; tu es à bord, le soir, tous feux éteints ;
Tu écoutes, couché sous ton astre incertain,
Le chant du coq martiniquais dans la cambuse,
La berceuse du vent plaintif dans les agrès
Et le déferlement des vagues sur l'étrave.
Ô entreponts pleins de cœurs d'hommes, ô regrets !
Va, la mer t'a marqué du signe des esclaves :
L'appel d'un remorqueur ce soir t'a fait pâlir,
Tu n'as plus que l'amour de tes vieilles épreuves,
Tu ne passeras plus un pont sans tressaillir,
L'odeur de Rotterdam monte de tous les fleuves
Et le bruit de la mer chante dans tous les bruits.

Tu es dans ta maison bourgeoise et tu vieillis.

(*Toi qui pâlis au nom de Vancouver*)

PHILIPPE SOUPAULT
1897-1990

LE PIRATE

Et lui dort-il sous les voiles
il écoute le vent son complice
il regarde la terre ferme son ennemie sans envie
et la boussole est près de son cœur immobile
Il court sur les mers
à la recherche de l'axe invisible du monde
Il n'y a pas de cris
pas de bruits
Des chiffres s'envolent
et la nuit les efface
Ce sont les étoiles sur l'ardoise du ciel
Elles surveillent les rivières qui coulent dans l'ombre
et les amis du silence les poissons
Mais ses yeux fixent une autre étoile
perdue dans la foule
tandis que les nuages passent doucement
plus forts que lui
lui
lui

(« Georgia », in *Poèmes et Poésies*)

JOSÉ GERS
1898-1961

SANS DOUTE UN JOUR JE REVIENDRAI

Sans doute un jour je reviendrai
– Au vieux granit du port d'attache
À la faveur de la marée
Jeter l'amarre du retour !

Pour tous les désœuvrés du môle,
Pour ceux des quais et ceux des bars
Je ne serai, marin sans nom,
Rien qu'un marin parmi les autres.

Pour toi seule qui me connais,
Qui sais le sens de mes paroles,
Je reviendrai, drapé d'escales,
Ainsi que d'un manteau de sel.

J'aurai les yeux brûlés de songes
Nés de la mer et morts en mer,
Le cœur chargé jusqu'au franc-bord
D'insupportables nostalgies.

Alors tu fermeras tes bras
Fidèles sur l'enfant prodigue
Qui ne possède par le monde
Que ton visage et que la mer...

AU MATIN DE L'APPAREILLAGE

Au matin de l'appareillage
J'ai tout jeté par-dessus bord,
Ne gardant que mon cœur d'enfant
Dans un suprême état de grâce.

Et maintenant que, sur mes jours
Anciens la porte est retombée,
Qu'une autre porte s'est ouverte
Sur un grand coup de vent salé,

Qu'à la remorque du sillage
Se traîne un continent déchu
– Bascule, ô vaine terre, afin
Que seul demeure le sillage ! –

Je suis – debout, vivant et pur,
Lavé de ciel et de boucaille –
Un homme nu qui s'émerveille
Aux splendeurs de sa pauvreté :

Un dernier phare s'est noyé,
Les étoiles me sont rendues,
Mon âme bat comme une voile
Dans les énormes mains de Dieu...

NORGE
1898-1990

LA MER

Il est difficile de peindre la mer, mais il est simple de peindre des vagues. Toutes les couleurs conviennent, elles sont toujours justes, car il existe des vagues de toutes les couleurs. Voilà pourquoi l'artiste dessine beaucoup de vagues, puis il étend des jaunes, des bleus, des verts, des gris, des bruns même. Enfin, il peint le sentiment. C'est le plus important pour la mer.

(*Les Oignons*)

VERSETS POUR LA MER

à Jean Grassin

Vieille vache de toujours, on a beau te taper sur la géographie,
Tu pisses tranquillement tes laits fabuleux, tes bouillons de crevettes et de cachalots.
En veux-tu, n'en vla, des méduses, des vitamines et des clairs de lune.
Ah ! bonne vieille chérie de vache de mer de toujours, on a beau te traire le turbot, la baleine et l'otarie,
Tu vèles, tu vèles encore, comme un milliard de cascades.
Et tes mamelles fougueuses n'ont jamais fini d'inventer des gueules, des nageoires, des pinces, des coquilles ;
On croit te posséder, tu digères et tu enfantes –
Et tu broutes sans mâchoire l'herbe des siècles, toujours mourante et renaissante.
Pour entendre ton chant, car tu chantes, l'homme aussi doit mourir dans ton ventre vertigineux.
Et l'on n'aura de toi, grande femelle à moustaches, qu'un long sourire ébouriffé qui vient se calmer sur les sables.

(*in Anthologie Poèmes et contes de la mer*)

Anita CONTI
née en 1899

CIMETIÈRES DE NAVIRES-GOÉLETTES

Elles ont durement lutté. Les glaces denses
Avaient meurtri leurs corps, et les vents qui hurlèrent
Du bordé jusqu'aux mâtures hautes, fauchèrent
Des hommes, sous les agrès rompus. Les cadences

Mortelles de la mer ont rythmé ce combat
Sans fin, jour après jour, jusques aux soirs fatals.
Les triomphantes sont rentrées aux ports natals,
Elles y paient rançon des nefs sombrées, là-bas.

Elles meurent à quai dans les bassins tranquilles,
Et leurs ponts dépeuplés, sonnent, sur des flancs vides,
Elles meurent, dressant leurs mornes bras rigides
Dans l'anxieuse horreur des vieillesses stériles.

Ô charpentes figées de vos gréements en croix,
Vers quels dieux tendez-vous l'appel de ces bras noirs,
L'immense appel sans résonance et sans espoir
Des calvaires sans christ et des douleurs sans voix ?

Les enfants qui jouaient jadis sous vos ramures
Ont suivi vos exils, arbres forts, abattus
Dans la forêt française, et sur l'horizon nu
Des mers sans fin passent leurs destinées obscures.

Sur les vaisseaux rentrés pourrir sous nos ciels bleus,
Dans les chanvres cordés plus blonds que des cheveux,
Les tièdes vents d'Avril venus des champs en fleurs,
Pleurent, ceux-là qui sont allés mourir ailleurs...

Et sous les vieux haubans rongés de lente usure,
Poulies aux yeux crevés sur l'infini perdu,
Témoins momifiés des hommes disparus,
Quel dieu féroce a pétrifié dans vos membrures
Les fantômes railleurs de vos orgueils vaincus ?

(*Inédit*)

LOUIS BRAUQUIER
1900-1976

LA VIE EST UNE AVENTURE...

La vie est une aventure
Qui part pour l'éternité.
Je compte les encâblures
Qui traînent ma destinée.

Nous avons l'inquiétude
Du visage de la mer.
Une angoisse d'or dénude
Notre cœur. L'horizon clair

S'emplit de beaux équipages
Qui viennent pour débarquer
Et jettent sur le rivage
La merveille des dangers.

Villes Sud-Américaines,
Ports nègres du Sénégal,
Gao qui dort dans la plaine
Du fleuve équatorial,

Tandis que nous fumons la pipe
Sur le Vieux-Port chaud et doux,
De nostalgiques visites
Nous entretiennent de vous.

(*Et l'au-delà de Suez*)

L'ÉPUISANT APRÈS-MIDI

Mes yeux sont brûlés d'images,
Mon cœur enferme le port,
Le sang des vieux abordages
Charge mes poings que je mords.

Par la hache et la balance,
Par l'orgueil du pavillon,
Par l'échange et la vengeance
Nous sommes sur les nations,

Comme la vigie de hune
Signale les continents.
Pilotés par la Fortune
Nous dévisageons le Temps.

Quand nous regardons nos veines,
Nous rappelons les départs,
Les galères phéniciennes,
La conquête du hasard,

Le matin sur la mer fraîche
Et le soleil sur les mâts,
Le retour des proues en flèche,
Le récit des noirs combats.

Nous cherchons un capitaine,
Qui complète l'armement
Avec une âme incertaine
Pleine de fièvre et de chants.

(*Et l'au-delà de Suez*)

JACQUES PRÉVERT
1900-1977

LE GARDIEN DU PHARE AIME TROP LES OISEAUX

Des oiseaux par milliers volent vers les feux
par milliers ils tombent par milliers ils se cognent
par milliers aveuglés par milliers assommés
par milliers ils meurent.

Le gardien ne peut supporter des choses pareilles
les oiseaux il les aime trop
alors il dit Tant pis je m'en fous !

Et il éteint tout

Au loin un cargo fait naufrage
un cargo venant des îles
un cargo chargé d'oiseaux
des milliers d'oiseaux des îles
des milliers d'oiseaux noyés.

(*Histoires*)

PIERRE BÉARN
né en 1902

FUIR !

pour Jean Paulhan

Couvrez-vous d'étoffes noires pour disparaître,
je ne veux plus souffrir sans savoir pourquoi ;
laissez-moi me dépouiller de mes défaites,
pour mériter qu'enfin la mer soit à moi.

Grise ou verte, bleue ou noire, que m'importe ?
pourvu qu'elle soit comme une lame de couteau
posée sur l'horizon pour trancher de ma vie
les souvenirs que m'ont donnés les hommes.

Je veux aller cueillir où je les ai laissés
mes rêves gigantesques d'enfant ;
je veux rejoindre mes peaux-rouges
hurlant leur joie dans les forêts,
mes chevaux, mes blessures,
ma tente empanachée de scalps.

Je veux retrouver mes pirates
chevauchant la mer sans patrie.

Éloignez-vous, mes amoureuses ! mes bourreaux !
je veux oublier votre amour, votre science ;
je veux étouffer ma raison.

Feriez-vous un pont d'une allumette ?
un bateau d'une coquille de noix ?
J'ai détruit plusieurs fois le monde
entre mes doigts ;
vous avez surpeuplé mon île déserte.

Je veux reprendre mon bateau de papier
pour retrouver au large l'étoile de l'aventure ;
je veux reprendre mon vol brisé vers l'inconnu,
que la mer s'étale devant moi toute nue
et que la terre au loin ne soit que des nuages.

Votre planète est trop petite pour mes pygmées.

Grise ou verte, bleue ou noire, que m'importe ?
pourvu qu'elle soit comme une lame de couteau
posée sur l'horizon pour trancher de ma vie
tous vos châteaux de cartes !

RAYMOND QUENEAU

1903-1977

JE N'AI DONC PU RÊVER

Je n'ai donc pu rêver que de fausses manœuvres,
vaisseau que des hasards menaient de port en port,
de havre en havre et de la naissance à la mort,
sans connaître le fret ignorant de leur œuvre.

Marins et passagers et navire qui tangue
et ce je qui débute ont même expression,
une charte-partie ou la démolition,
mais sur ce pont se livrent des combats exsangues.

Voici : le capitaine a regardé les nuages
qui démolissaient l'horizon,
il descend dans la cale où déjà du naufrage
se profile l'inclinaison.

Voici : les rats se sauvent
et plus d'un prisonnier trouve sa délivrance.
La coquille a viré pour courir d'autres chances,
et voici : l'on innove.

Que disent les marins ? ils grimpent aux cordages
en sacrant comme des loups,
ils ont passé la ligne affublés en sauvages,
voulant encor faire les fous.

Voici : ce navire entre dans d'autres eaux,
d'autres mers où les orages
n'ont pas détruit le balisage,
et voici : les marins ont fermé leurs couteaux.

Voici : ce ne sont plus vers de faux rivages
que nous appareillons.
La vie est un songe, dit-on,
mais deux c'est trop pour mon âge

(*Chêne et chien*)

PIERRE SEGHERS
1906-1987

LE NÈGRE BUNGALOW

Le nègre Bungalow dans son île flottante
A quatre boules bleues, quatre boules de mer
Quatre étoiles d'or pur et quatre bulles d'air
Un chandelier d'argent dont les chandelles chantent.

Une harpe qu'Éole a touchée. Ses cheveux
Le nègre Bungalow les tisse sur ses planches
Sa barque est enchantée sous sa peinture blanche
Il jongle, il joue, les jours qu'il pêche sont des jeux.

Il a deux cocotiers qui donnent des amandes
Un fusil de cristal, une bague de feu
Un grand voile de ciel qu'il décloue quand il veut
draper d'azur et d'eau ses filles de lavande.

Il tangue sur son île où le voient les poissons,
Il passe, il rit, et les étoiles le préfèrent
Les sept mages postés aux bouches de la mer
L'annoncent : Il viendra... Les constellations

retroussent dans le ciel leurs cheveux de nuages
Andromède et Vénus l'attendent. Le chanteur
va venir, et les galaxies pressent leur cœur
C'est le lait de leur nuit qu'il boit à son passage.

Il s'en vient, il s'en va de l'Arctique au Pégal,
Il souffle le bonheur dans de grandes coquilles
Des sorciers bottés se rongent sous sa quille
Et son cheval marin se fait un vrai cheval

Pégase, Bungalow, Icare, Poésie...

(« Le Domaine public », in *Le Temps des merveilles*)

EUGÈNE GUILLEVIC
né en 1907

CARNAC
(extraits)

Mer au bord du néant,
Qui se mêle au néant,

Pour mieux savoir le ciel,
Les plages, les rochers,

Pour mieux les recevoir.
...

J'ai joué sur la pierre
De mes regards et de mes doigts

Et mêlées à la mer,
S'en allant sur la mer,
Revenant par la mer,

J'ai cru à des réponses de la pierre.
...

Tu regardes la mer
Et lui cherches des yeux.

Tu regardes des yeux
Et tu y vois la mer.
...

Église de Carnac
Qui est comme un rocher
Que l'on aurait creusé

Et meublé de façon
À n'y avoir plus peur.
...

Je sais qu'il y a d'autres mers,
Mer du pêcheur,
Mer des navigateurs,
Mer des marins de guerre,
Mer de ceux qui veulent y mourir.

Je ne suis pas un dictionnaire,
Je parle de nous deux

Et quand je dis la mer,
C'est toujours à Carnac.
...

Pour se faufiler
Dans l'étroit canal
Qui menait au port avant les bassins,

Elles se pressaient, tes vagues,
Lors de la marée,
Elles se bousculaient.

Elles avaient besoin
Que l'interminable
Soit fini pour elles.

(*Carnac*)

LOUIS GUILLAUME
1907-1971

CRIS DE SABLE

à Max Alhau

Le jour blesse la mer qui se cabre et gémit
Et le silence obscur qui frémit en toi-même

Mais le ressac éclate au reproche du vent
Tandis que nul n'entend les cris de ta poitrine.

Seule une vague dort au tréfonds de l'abîme
Qui rêve d'apaiser à jamais la tempête.

Qui saura l'écouter, cette sœur de l'oubli,
Et lira sa chanson dédiée à l'écume ?

Et quel fou tenterait d'apprivoiser ces flots,
Tous ces mots de lumière enchaînés dans le sang,

Sinon celui qui veille au cœur de ton sommeil
Et qui ferme les yeux pour baliser la nuit ?

(*Fortune de vent*)

PIERRE OSENAT

né en 1908

SUR LE PONTON DES EN ALLÉS

Sur le ponton des en allés
Où l'oursin affûte ses armes,
Au port des cœurs mal consolés
l'Ankou vient usiner des larmes.

Au port où l'équinoxe aboie,
Connivence des goélands,
Le café clôt ses contrevents,
Se signent les filles de joie.

Au port des amours sans visage
On entend la cloche des eaux
Sonner l'appel du long passage
Et gémir l'âme des bateaux.

Beau matelot pour une femme,
Algue verte au bras des brisants,
Ton corps se tord, roule à la lame,
C'est pourquoi la mer pleure blanc.

Il n'y a plus de port à l'île,
L'éternité reprend son dû
Et l'on voit le marin perdu
Mettre le cap sur l'Évangile.

(*Elles et eux*)

HENRI QUEFFÉLEC
1910-1992

VEILLE

Devant les invisibles murs,
Est jetée l'ancre rouillée.
Tout est noir dans la ville ;
Nul feu sur le navire.
Le calme plat gît sur la mer,
Affalée comme un chien qui jeûne.
Quand repartirons-nous, dans le cercueil de nos paupières,
Sur la mer, et nous croirons dormir ?

CRÉPUSCULE

Le jour glisse avec la lenteur d'un voile au long d'un mât,
Bouche pleine de lait, se retire.
Le jour glisse avec longueur...
Des cris se posent sur le calme des avirons tranquilles,
De tout le port qui s'enfonce dans une douceur longue ;
Des rames au chant huilé sondent la profondeur calme,
Un feu faible s'allume...
Un choc rive le silence,
La nuit imprègne le ciel,
Le ciel sans énergie,
Comme un enfant qui commence à dormir se dévêt,
et s'évanouit sur le sable un homme qui se traîne...

PORT

Feux de bateaux dans la nuit,
Posés comme des linges...
Un phare qu'on réveille entrouvre ses paupières,
et contemple un moment les troupeaux endormis.

(*Sur la lisière*)

PATRICE DE LA TOUR DU PIN
1911-1975

EN EAU PROFONDE

J'allais comme un navire en plongée approchant
À bruit sourd, à faible vitesse de croisière,
Du secteur désigné de chasse... Et brusquement,
En plein aveuglement marin, cette lumière !

Nul éperon rocheux ne m'avait éventré,
Car c'eût été toute la mer dans la fissure...
Il n'y eut ni heurt, ni trombe d'eau, ni même arrêt :
Un tel éclair entrait partout sans ouverture !

Et les trois noms des confidents que je disais
Éclatèrent ! Et d'un seul coup la confidence
Se posa sur cent autres, si familiers,
Et celui du Seigneur, d'une telle évidence !

Il n'y eut plus de sens très distinct dans les eaux
Entre surface et profondeur, de différence
Entre course et attente... Et nul n'était moins clos
Que mon navire déchiré de confidence.

(*Petit Théâtre crépusculaire*)

LUC ESTANG
1911-1992

DÉPART

J'ai lâché sur la mer un voilier de haut bord,
entraîné par de blancs oiseaux venus du Nord,
dont les ailes battaient le rythme des voilures.

Je savais que le vent se lèverait plus tard
à mi-chemin de ces frontières du hasard
que le nuage errant franchit à lente allure.

Qu'espéraient-ils, quels mots d'au-revoir mensongers,
ceux-là qui me voyaient partir, seul passager
d'un navire promis aux grandes aventures ?

Que la vague, naissante et claire à l'infini,
meure à vos pieds, sableuse et rouleuse de nuit,
et j'aurai dépassé les horizons suprêmes ;

Brume dans les haubans, fuite dans l'inconnu,
les cheveux lourds de sel, le corps à demi nu
et le vaste ciel noir déployé comme emblème,

Ils ont guetté longtemps l'envol des remorqueurs.
Moi, sans me retourner, debout, les poings au cœur,
je respirais la vie au-delà de moi-même.

(*Les Quatre Éléments*)

ANTONY LHÉRITIER
né en 1912

ÉPAVES

J'ai peut-être aimé ces îles
Qui sombraient à l'horizon
Leurs mirages inutiles
Sont mes seules cargaisons.

Ce goût marin sur vos lèvres
Voguez, mes belles amours
Vous avez pillé mes rêves
N'espérez aucun retour.

Quand la mer s'est retirée
Les berçant dans ses bras nus
Vous entendez la marée
Clapoter qu'ils sont perdus.

La rafale est dans ma tête
Je ne rapporterai rien
Ce qui flotte est aux mouettes
Ce qui coule est aux requins.

PAR-DESSUS BORD

Dès demain je serai fidèle
Laissez-moi, cette nuit encor,
Hisser l'étoile du poème
Qui me sépare de la mort.
Le ciel ne sera plus le même
Quand je regagnerai le port.

Je suis parti pour mes voyages
Je reviendrai je reviendrai
Un appel a sonné du large
Porté par ce vent qui pleurait
Mais vous dormiez, mes équipages,
Et j'ai levé l'ancre en secret.

Je chante ma danse marine
Les feux sont clairs, haute est la nuit,
Dieu tient la barre et les boulines,
Traîne la mer derrière lui
L'étrave taille un drap de lune
Pour le hamac de mon oubli.

Si j'avais pu changer de rêve
Je n'aurais pas quitté le quai
J'aurais écouté la sirène
Qui me défendait d'embarquer
Mais il est tard, trop tard pour elle
Et demain ne viendra jamais.

(*Des îles de silence*)

HERVÉ ROY
né en 1912

MER BRETONNE

Mer bretonne
Habillant haut les franges dernières du rivage
Dénudant bas les flaques et les algues
De ses noces avec le granit et le sable

Mer quotidienne
Vivant aux rythmes du flux et du jusant
Entraînant au large et ramenant au port
Pénétrant les détours des abers
Curieuse des recoins secrets de leurs criques
Nourrice du rêve
Qu'emporte la cavalerie des nuées
Par-delà l'inexorable horizon

Mer enroulant la longueur de ses houles
Vers le tonnerre de l'éclatement des lames
Explosant sur l'éperon des promontoires
Vers l'écroulement des rouleaux éventrés
Écrasant du surplomb de leur crête
La fuite du tapis d'écume
Laminant le liséré de la grève

(*Les Ombres et les nombres*)

JACQUES RAPHAËL-LEYGUES

né en 1913

IL FAIT BON SUR LA MER

(extrait)

Il fait bon sur la mer dans ma cabine blanche,
Dans la chambre où je sens la fraîcheur sous mes doigts
Du beau sextant de cuivre et des livres à tranche
D'or mordoré par les temps morts et par le froid.

Fraîcheur des doigts reprise à des nuits d'insomnies,
Au froid salé des quarts d'hiver sur l'Océan,
Au grand froid mort des nuits de guerre et d'agonies,
Aux froids de l'aube éteints par les soleils levants ;

La mer ne connaît pas ces âges de nature
Qui changent les forêts vivaces d'autrefois
En bosquets pour jardin, en prés pour la pâture,
En squares bien corrects pour les chevaux de bois.

C'est le même horizon qu'ont vu tous les pirates
Des bâtiments de teck aux maîtres flagellant
Les matelots fiévreux couchés nus sur des nattes.
Nous brisons la même eau que brisa Magellan.

L'eau est la même et c'est toujours le vent qui siffle,
La vague fine qui déferle et s'engourdit,
Le roulis effrayant qui martèle et qui gifle,
Un plat-bord où l'embrun vibre et s'appesantit.

*

La mer n'a pas connu l'anxiété de l'art,
La tiédeur des parfums, la gloire triomphale,
Les nuits d'amour et l'heure tendre du hasard
Ni le goût captivant de la terre natale.

Elle ignore le temporaire et l'obsédant,
Elle ignore les chants des bois, les voix amies,
Elle ignore la femme et les chagrins d'enfant
Mais elle sait qu'il est des maux que l'on oublie.

(*Retour de mer*)

PER JAKEZ HÉLIAS
né en 1914

BRANLE

1

Dans mes prunelles
J'ai toute la mer en émoi,
Des vagues jumelles
Qui crèvent en moi.
    L'amour fragile
    Doit vivre au branle de la mer,
    Ma douce, mon île,
    Dans mes yeux ouverts.

2

Mer, tu m'abuses,
Tu viens au sable et tu repars.
De charme et de ruse
Qui dira la part !
    D'espoir en peine,
    Dans ma tête un branle est dansé
    Devant vous, ma reine,
    Pour un insensé.

3

Le vent de grève
Trempe mon cœur au sel marin
Pendant que s'élève
L'écho d'un chagrin.
    Toute ma vie,
    Dans mes yeux, au sein de la mer,
    Ce n'est que magie,
    Branle et doute amer.

(*D'un autre monde*)

CLAUDE ROY
né en 1915

LIEDER DE LA MER QUI S'ENNUIE

Dès qu'il fait noir la mer s'ennuie
secoue son sac d'herbes séchées
remue son eau toute la nuit
Elle a beau faire et chuchoter
le soleil restera couché
Ce poème étant métaphore
je m'y compare à l'océan
Mon soleil mon chaud mon aurore
c'est la douce que j'aime tant
et la nuit qui m'ennuie si fort
c'est son absence et mon tourment
ma vacance et ma marée basse
mon calme plat et mon temps mort
ma grise mine et guerre lasse
triste comme au milieu du port
le mazout d'un bateau qui a franchi la passe

Ce poème étant métaphore
je m'y compare à l'océan
Mais il ne veut rien entendre
et refuse (hautain) toute comparaison
Il est beau il est sel il est vent il est bleu
il est immense et fou il est avide et tout

Moi je suis Claude Roy simplement Claude Roy.

(*Poésies*)

LOYS MASSON
1915-1969

LE VOILIER NORD

Nous appareillâmes un soir d'octobre
Aux étoiles. L'ancre racla la coque
Il y eut trois longs cris de la sirène
Et nous défilâmes par le travers
D'un grand vapeur aux trente-six lumières
Qui sommeillait doucement à la houle
Puis ce fut la bouée puis ce fut la route
Dans les écumes et les sifflements
De tout le navire tendu au vent.
L'île mourut au tournant de la lame
Les fanaux dansèrent le mât plia
La lune pleine monta sur l'avant
Et toute la mer fut blanche et troublante
Et tout le ciel fut mauve et se fondant.
Il y eut des anges dans les cordages
Qui chantèrent ; et nous fîmes rouler
Ce soir-là nos amours à fond de cale
(Nous avions cru avoir bien oublié).

Cent jours nous fûmes entre ciel et eau
Perdus. Nos membres étaient blancs de sel
L'on tombait lourdement dans les creux d'eau
De vagues hautes comme des maisons
Avec des coups de cloche dans les brumes
Et des désespoirs dans les calmes plats.
Le cent-unième jour sur une terre
On débarqua – tout palmes et oiseaux
C'était pour des vivres frais et de l'eau.
Nous vécûmes dix nuits avec les femmes

Dans ce pays qui n'avait pas de nom
Et nos peines d'amour se réveillèrent
Là-bas dont on ne savait pas le nom.
Ah ! pourquoi, pourquoi ont-elles lavé
Dans de l'eau fraîche nos membres tout blancs
De sel ? Car de nouveau l'on se souvint
De tout ce qui avait été la vie
Jusqu'à notre départ dans l'étendue.

Nous laissâmes le rivage à bâbord
Un soir où le ciel cuivré menaçait
Les matelots grimpèrent dans les vergues
L'on hala doucement la vieille ancre
Déjà toute tapissée de coquilles
Le pavillon flotta sur le grand mât
Et le bateau reprit sa route verte.
La nuit on se saoula avec du rhum
Pour oublier l'âcre baiser des femmes
Qui avait le goût du feu sur nos lèvres
Et ce fut encore le ciel et l'eau
Et l'étendue pour trois longs mois et plus.

Nos amours nous hantaient. Nous dessinâmes
Chacun un profil aimé sur les voiles
Que la folle brise enflait doucement
Et les calmes jaunes faisaient sourire ;
On courut, on courut longtemps sur l'eau
Des phosphorescences nous escortaient
Qui nous faisaient signe comme des yeux
Dans les figures placides des vagues
(Et nous nous rappelions nos fiancées).

Nous frôlions des récifs tout blancs d'écume
C'était la salive de l'Océan
On s'en allait vers le Nord n'importe où
Courant fort sur la mer anthropophage
Doublant notre voilure quand l'amour
Dans un port nous gardait deux soirs de trop
Tout au loin vers le Nord de l'Océan
Dépassant des cadavres de bateaux

Que léchait la langue agile des flots.
Et l'on dégueulait dans les étendues
Un mélange d'alcool et d'amour
Nos baisers perdus suivaient le navire
Sur la houle verte de l'étendue
(Et nos fiancées boudaient dans les voiles).

L'on fila cinq ans, l'on fila dix ans
Il y eut dix années d'eau sous la quille
Et dix années de brise dans les voiles
Sur tous les abîmes de l'océan
Et dix années de mer dans notre histoire.
Quelques-uns flanchèrent et descendirent
Qui s'étaient découragés d'arriver
D'autres on les descendit aux requins
Qui suivaient depuis toujours le navire.
Chaque soir en haut du grand mât montait
Le capitaine découvrir le Nord
Qui se cachait si bien dans les brouillards :
Un matin venteux on changea de voiles.

Ah ah mais n'était-ce pas ces dix ans
Les mêmes escales que l'on passait
N'avait-on pas dix fois passé le Nord ?
Le premier qui le dit on le crut fou
Le second qui le crut on le pendit
Le troisième on le jeta aux requins
Mais le quatrième on le crut enfin.
C'est vrai, l'on faisait le même chemin
Depuis ces dix années dans l'étendue
C'était les mêmes ports exactement
Où l'on avait mouillé dix ans avant
Dans notre voyage sur l'océan
L'étoile ne brillait que dans nos yeux
L'on avait suivi un rêve de plus
C'était pour ça ces longs dix ans de route
Le Nord cherché le Nord n'existait pas.

(*Délivrez-nous du mal*)

ANGÈLE VANNIER
1917-1980

JE SUIS NÉE DE LA MER

Je suis née de la mer et ne le savais plus
Trop de pavots avaient maculé mes pieds nus
Les soirs où les bergers m'appelaient dans la ronde
Pour passer le furet de ma main dans leurs mains
Furet des bois jolis furet des vieux jardins.

Je suis née de la mer et ne le savais plus
Trop de chênes avaient appris à mon corps nu
Cette haute caresse où l'écorce connaît
La façon d'arracher aux jeunes filles blondes
Des gouttes de bonheur de quelque sainte plaie.

Je suis née de la mer et ne le savais plus
Trop de bêtes avaient partagé mon cœur nu
Dans les hautes futaies habitées par la lune
Trop de sangliers forts à renifler l'oronge
Trop de biches mes sœurs effrayées par leurs songes
Trop de martins-pêcheurs gonflés d'humides chants
Délivrés par leurs becs en baisers trop savants.

Je suis née de la mer et ne le savais plus
Mais l'homme au bras marin me parla de l'écume
Et l'humus des forêts fut le sable des dunes
Et les bergers laissant leurs troupeaux de moutons
Au premier loup venu gardèrent des poissons

Le nez du sanglier fouilla le goémon
La biche apprivoisa chaque lame de fond
Et les désirs des fûts chantèrent un navire
Que les oiseaux pêcheurs voilèrent sans rien dire
De leurs ailes tendues à des ciels inconnus.

Je suis née de la mer et ne l'ai reconnu
Qu'au bras de mon amour et ne l'oublierai plus.

(« *L'Arbre à feu* » in *Choix de poemes*)

LOUIS LE CUNFF
1919-1988

NAUFRAGE

L'ombre s'enfle et mugit,
le passé tourbillonne
dans un réveil d'orgie
et hurle,
déferle en rauques équinoxes
musclé comme un héros de boxe
déferle et broie – massue
invisible, glacée, immonde –
Est-ce le flot, est-ce le monde,
est-ce nous-mêmes
anéantis contre nous-mêmes
sur la plage de notre attente ?
Grêle, gronde, pleuve, craque, et vente,
souffle la nuit sur notre roc
baisse la tête et gare au choc,
accroche-toi, marin du Diable :
à ton épave sur la grève
ancre ta tripe dans le sable !
tiens bon ou crève !
Du lest ! jette au loin ta musette
à sentiments
et ton rêve et ton beau regret
du bon vieux temps,
tous te coulant lourds d'eau salée...
Baisse la tête et crache un coup,
crache-les tous !
Le beau vaisseau gît par le fond
avec ton coffre et ton trésor
que griffent les affreux dragons

et d'autres affamés encor
qui veulent t'avoir vif ou mort...
L'opprobre écume et vole
en bouillonnement de paroles
noires et rouges
en haines tues.
– Crèveras-tu ? crèveras-tu ?
Baisse la tête sous la lame
accroche ton morceau de rame
dans le sable,
accroche-toi, marin du Diable !
....
Mais quelle sirène au loin chante,
quelle sirène chante, chante ?
Ah ! larguons tout
et que l'on croule
et que l'on roule
parmi le silence et les houles
à tout jamais...
Quelle putain, quelle sirène ?
Ferme tes oreilles, marin :
tu n'es que dents, tu n'es que mains
crispées ;
à ton épave accroche-toi
et gare au grain, gare au noroît !
– Crèveras-tu ? crèveras-tu ?
Non, rien à faire !
Des dents d'acier, des poings de fer,
pas de regards et pas d'oreilles...
Crache ton cœur, crache ton âme,
crache ton ventre de détresse
et crache la peau de tes fesses
si tu le peux,
il n'est que ton morceau de rame
dans le sable.
Accroche-toi, marin du Diable
et siffle au vent
un vieux refrain de matelot...

(*La Ville exsangue*)

RENÉ GUY CADOU
1920-1951

L'AVENTURE MARINE

Sur la plage où naissent les mondes
Et l'hirondelle au vol marin
Il revenait chaque matin
Les yeux brûlés de sciure blonde
Son cœur épanoui dans ses mains

Il parlait seul son beau visage
Ruisselait d'algues l'horizon
Le roulait dans ses frondaisons
D'étoiles et d'œillets sauvages
Amour trop fort pour sa raison

« Soleil disait-il que l'écume
Soit mon abeille au pesant d'or
Je prends la mer et je m'endors
Dans la corbeille de ses plumes
Loin des amis restés au port

Ah que m'importent ces auberges
Et leurs gouttières de sang noir
Les rendez-vous du désespoir
Dans les hôtels meublés des berges
Où les filles font peine à voir

J'ai préféré aux équipages
Le blanc cheval de la marée
Et les cadavres constellés
Qui s'acheminent vers le large
À tous ces sourires navrés

La mort s'en va le long des routes
Parfume l'herbe sur les champs
Il fait meilleur dans le couchant
Parmi les anges qui écoutent
Les coraux se joindre en tremblant »

Il disait encor maintes choses
Où de grands cris d'oiseaux passaient
Et deux feux rouges s'allumaient
Sur sa gorge comme les roses
Dans les premiers matins de mai

On vit s'ouvrir les portes claires
Les sémaphores s'envoler
Et des ruisseaux de lait couler
Vers les étables de la terre
D'où l'homme s'en était allé

Ébloui par tant de lumière
Il allait regardant parfois
La fumée courte sur le toit
L'épaule ronde des chaumières
Sans regretter son autrefois

Car il portait sur sa poitrine
Les tatouages de son destin
Qui disent « soleil et bon grain »
À tous les hommes qui devinent
L'éternité dans l'air marin.

(« Poésie la vie entière », in *Œuvres poétiques complètes*, t. I)

NADINE LEFÉBURE

née en 1920

EN VUE DE PARTANCE

Ces lieux d'absence où je vis hissent chaque soir leur abandon
et s'inclinent vers de doubles espaces aux lisières de la mer
chaque soir annonce le grand départ,
pourtant je suis toujours là qui m'enlise
et j'attends la nouvelle égale au feu des phares.

À chaque tournant je tourne au bout du monde
et dérive à perdre haleine.
Au loin palpitent les variations déchirantes de hautes lueurs.

Le levant me mènera vers un autre couchant
qui me hissera à nouveau vers le même abandon
et m'inclinera encore vers cet immobile départ autour du monde
que je guette d'heure en heure.

En vue de partance
je veille au calfeutrage de nos navires en pente,
des lunaisons se succèdent au travers de nos voiles,
tandis qu'ils sont tous là
à se tailler des départs de haute mer
mais le quai les étrangle.

Il ne reste plus qu'à attendre
toutes portes drues ouvertes
pour accueillir l'instant qui nous viendra de loin.

(*Sources de la mer*)

GEORGES BRASSENS

1921-1981

SUPPLIQUE POUR ÊTRE ENTERRÉ À LA PLAGE DE SÈTE

La Camarde, qui ne m'a jamais pardonné
D'avoir semé des fleurs dans les trous de son nez,
Me poursuit d'un zèle imbécile.
Alors, cerné de près par les enterrements,
J'ai cru bon de remettre à jour mon testament,
De me payer un codicille.

Trempe, dans l'encre bleue du golfe du Lion,
Trempe, trempe ta plume, ô mon vieux tabellion,
Et, de ta plus belle écriture,
Note ce qu'il faudrait qu'il advînt de mon corps,
Lorsque mon âme et lui ne seront plus d'accord
Que sur un seul point : la rupture.

Quand mon âme aura pris son vol à l'horizon
Vers celles de Gavroche et de Mimi Pinson,
Celles des titis, des grisettes,
Que vers le sol natal mon corps soit ramené
Dans un spleeping du « Paris-Méditerranée »,
Terminus en gare de Sète.

Mon caveau de famille, hélas ! n'est pas tout neuf.
Vulgairement parlant, il est plein comme un œuf,
Et, d'ici que quelqu'un n'en sorte,
Il risque de se faire tard et je ne peux
Dire à ces braves gens « Poussez-vous donc un peu ! »
Place aux jeunes en quelque sorte.

Juste au bord de la mer, à deux pas des flots bleus,
Creusez, si c'est possible, un petit trou moelleux,
Une bonne petite niche,
Auprès de mes amis d'enfance, les dauphins,
Le long de cette grève où le sable est si fin,
Sur la plage de la Corniche.

C'est une plage où, même à ses moments furieux,
Neptune ne se prend jamais trop au sérieux,
Où, quand un bateau fait naufrage,
Le capitaine crie : « Je suis le maître à bord !
Sauve qui peut ! Le vin et le pastis d'abord !
Chacun sa bonbonne et courage ! »

Et c'est là que, jadis, à quinze ans révolus,
À l'âge où s'amuser tout seul ne suffit plus,
Je connus la prime amourette.
Auprès d'une sirène, une femme-poisson,
Je reçus de l'amour la première leçon,
Avalai la première arête.

Déférence gardée envers Paul Valéry,
Moi, l'humble troubadour, sur lui je renchéris,
Le bon maître me le pardonne,
Et qu'au moins, si ses vers valent mieux que les miens,
Mon cimetière soit plus marin que le sien,
Et n'en déplaise aux autochtones.

Cette tombe en sandwich, entre le ciel et l'eau,
Ne donnera pas une ombre triste au tableau,
Mais un charme indéfinissable.
Les baigneuses s'en serviront de paravent
Pour changer de tenue, et les petits enfants
Diront : « Chouette ! un château de sable ! »

Est-ce trop demander... ? Sur mon petit lopin,
Plantez, je vous en prie, une espèce de pin,
Pin parasol, de préférence,
Qui saura prémunir contre l'insolation
Les bons amis venus fair' sur ma concession
D'affectueuses révérences.

Tantôt venant d'Espagne et tantôt d'Italie,
Tout chargés de parfums, de musiques jolies,
Le mistral et la tramontane
Sur mon dernier sommeil verseront les échos,
De villanelle un jour, un jour de fandango,
De tarentelle, de sardane...

Et quand, prenant ma butte en guise d'oreiller,
Une ondine viendra gentiment sommeiller
Avec moins que rien de costume,
J'en demande pardon par avance à Jésus,
Si l'ombre de ma croix s'y couche un peu dessus
Pour un petit bonheur posthume.

Pauvres rois, pharaons ! Pauvre Napoléon !
Pauvres grands disparus gisant au Panthéon !
Pauvres cendres de conséquence !
Vous envierez un peu l'éternel estivant,
Qui fait du pédalo sur la vague en rêvant,
Qui passe sa mort en vacances...

ROBERT SABATIER
né en 1923

LES CRIMES DE LA MER

Sur ce rivage où la vague repose
Vont les enfants éblouis de jadis.
Entends leurs cris. Des femmes les appellent.
L'oiseau répond que les enfants sont morts
D'avoir voulu marcher au fond des eaux.

As-tu vécu dans les châteaux de sable
Quand l'océan riait de les lécher ?
Des vaisseaux noirs avec pour cargaison
Des fauves d'or arrachés aux abysses
Portent menace à la face du ciel.

La mer, la mer, ses lois de requin-tigre.
La mer, ce fauve à l'affût de la chair,
Qui la chantait au fond des coquillages ?
Elle si bonne et même tutélaire
N'était que rage et paroles de griffes.

Tête de mort, la mer, tête de meurtre,
Cœur de serpent sous cette peau luisante,
Sous ses beautés toujours inspiratrices
D'éternité sur les lèvres du vent,
La mer ogresse en quête de naufrages.

Sur ce rivage il resterait des heures
Pour écouter les murmures berceurs,
Ce vieux poète élevant de vieux hymnes.
Moi, je ne vois que des morts en cortège
Venus poser sur le sable leurs os.

Et je t'insulte avec des mots de pierre,
Vieille matrone en oripeaux de cour,
Enfantant l'homme afin de s'en repaître
Et nous jetant ses clichés à la face
Comme crachats sur la face du jour.

(*L'Oiseau de demain*)

JEAN-CLAUDE RENARD
né en 1924

CHANT DE LA MER

Il faut avoir touché la mer ardente,
pris vraiment la mer avec un corps nu,
senti l'épaisseur du sel et du sang
peser sur la chair comme un arbre blanc
pour savoir où sont les pays perdus,
pour ne pas cesser de brûler d'attente.

Tous ceux qui n'auront pas aimé la mer,
qui n'auront pas baigné dans sa rumeur,
sucé la nuit, l'eau large et capitale,
les grands raisins de la noce natale,
ne pourront pas entrer dans la ferveur,
seront passés près des départs ouverts.

La masse d'or, la fureur de terrasses
qui tend ici ses voyages poignants,
ses durs soleils et ses paradis calmes,
ses soirs puissants et frais comme des palmes,
rend leurs secrets aux légendes d'enfants,
guérit le mal qui désole ma race.

Il fallait bien que la mer fût cruelle
pour nous purifier de tant de morts,
qu'elle eût des yeux gonflés par la colère,
de longues mains d'algues et de lumière
pour nous laver des anciens remords
et résorber la faute originelle.

J'ai vu la mer chanter comme une femme,
la mer qui dit que nous sommes venus
pour une paix pareille aux violences,
pour une guerre où naîtra l'innocence,
où mûriront des pardons inconnus,
des corps nouveaux et des pays en flammes.

Ô les plateaux, ô les matins des caps,
les vastes fleurs de la mer solennelle
emporteront les mal-aimés ailleurs,
les étrangers couchés dans la douleur,
assouviront la soif essentielle,
les anges roux, les brises, les ressacs !

Nous referons de profondes croisières,
nous descendrons dans les pays troublants
pour retrouver la formule du feu,
la trace et l'odeur sauvage du dieu
qui délivrera les derniers absents,
l'amour infini qui dort dans la terre.

Les bienheureux seuls comprendront la mer,
la miséricorde et la pauvreté,
ceux qui s'en iront dans d'autres pays,
ceux qui auront cru dans la joie du Christ
avec un désir doux comme l'été,
qui se mêleront au mystère amer...

(*Cantiques pour des pays perdus*)

CHARLES LE QUINTREC

né en 1925

IL ME SOUVIENT DU VIEUX PAYS

(extrait)

Ô mer, ne reste-t-il que sable sur le sable
Pour écrire l'Histoire ? Ô mer sauvée des fables
Quelle écume, à nos pieds, se souvient du chaos ?

Les galets du soleil captent d'autres lumières
Les goémons frottent leurs insectes par milliers
Ce vieux pays en moi Mais c'est toute la mer !
Le flux et le reflux imposent ma prière
Paysans et pêcheurs savent comment l'aimer.

Dites-moi, mes amis, ce pays vers la mer
Ce pays dans la mer, comment y revenir ?
Rebâtir sur le roc villages de naguère
Qui parle dans mon cœur soudain de rebâtir ?
Prendrai-je le chemin qui nous aide à mourir ?
Suis-je déjà trop loin sur la route éphémère ?

Une rivière va, son bruit blanc, sur les pierres.

(*Stances du verbe amour*)

NOTRE MER

La mer s'est retirée
Les oiseaux sont partis
Le flux sécrète sa force dans le jusant
Mais le temps s'est peut-être arrêté sur les eaux.

De lumière éblouie la mouette va son sol
Du ciel à l'océan elle exprime sa faim
Et crie comme blessée au-devant de sa proie.

On dit qu'elle commande au vent voyageur d'âmes
Mais c'est dans le soleil où frissonnent les flots
Qu'elle s'offre royale.

La mer s'est retirée
Le monde s'est perdu
Une plainte la nuit monte des eaux nouvelles
Et l'on croit entrevoir dans l'abîme du ciel
Les yeux des disparus.

(*Jeunesse de Dieu*)

JEAN-YVES LE GUEN
né en 1925

JAILLI DE LA MER

Des coquillages éternels
répètent le chant de la mer
dans l'oreille attentive de
l'enfant moissonneur de miracles
qui file son collier de mots
autour du col du goéland
surpris à coudre de fil blanc
les histoires que dit la vague
en chaloupant comme une amante
dans les vertiges de l'amour
et cherchant des portes ouvertes
sur des lumières inconnues
porteuses de ces rêves où
passent dans ses yeux des bateaux
chargés d'or et de pierreries
et dont le capitaine est le
poète inventeur de cosmos
dans les creux d'ombre des fougères
en été quand le sang jaillit
des sillons ouverts de l'amour
le temps que la graine ait le cœur
de lever l'arbre vers des ciels
où tout est écrit pour qui sait
dans les étoiles magiciennes
qui n'en finiront plus jamais
de nous tourmenter la Conscience

(*Inédit*)

ÉDOUARD GLISSANT

né en 1928

OCÉAN

L'ancêtre parle, c'est l'océan, c'est une race qui lavait les continents avec son voile de souffrance ; il dit cette race qui est chant, rosée du chant et le parfum sourd et le bleu du chant, et sa bouche est le chant de toutes les bouches d'écume ; océan ! tu permets, tu es complice, faiseur d'astres ; comment n'ouvres-tu pas tes ailes en poumon vorace. Et voyez ! il ne reste que la somme du chant et l'éternité de la voix et l'enfance déjà de ceux qui en feront héritage. Car pour la souffrance elle appartient à tous : chacun en a, entre les dents, le sable vigoureux. L'océan est patience, sa sagesse est l'été du temps.

(« La Terre inquiète », in *Poèmes*)

XAVIER GRALL
1930-1981

LES MARINS

à Denise, à Gaby

Les vieux de chez moi ont des îles dans les yeux
Leurs mains crevassées par les chasses marines
Et les veines éclatées de leurs pupilles bleues
Portent les songes des frêles brigantines

Les vieux de chez moi ont vaincu les récifs d'Irlande
Retraités, usant les bancs au levant des chaumières
Leurs dents mâchonnant des refrains de Marie-Galante
Ils lorgnent l'horizon blanc des provendes hauturières

Les vieux de chez moi sont fils de naufrageurs
Leurs crânes pensifs roulent les trésors inouïs
Des voiliers brisés dans les goémons rageurs
Et luisent leurs regards comme des louis

Les vieux de chez moi n'attendent rien de la vie
Ils ont jeté les ans, le harpon et la nasse
Mangé la cotriade et siroté l'eau-de-vie
La mort peut les prendre, noire comme la pinasse

Les vieux ne bougeront pas sur le banc fatigué
Observant le port, le jardin, l'hortensia
Ils diront simplement aux Jeannie, aux Maria
« Adieu les belles, c'est le branle-bas »

Et les femmes des marins fermeront leurs volets

(*La Sône des pluies et des tombes*)

JEAN CHATARD
né en 1934

DE VOILES ET DE CRIS

Pour ces très vieux bateaux amarrés aux
pontons du voyage l'ombre docile raconte
les villes souveraines posées sur l'horizon que l'on
oublie à chaque escale et qui chavirent sous les pas

C'est chaque fois la déchirure et tu parles
doucement de voiles et de cris du bois qui craque et des
drisses lovées comme des pangolins

du roulis des hamacs où de beaux hommes nus
pleurent en dénouant le ciel l'étrave dévoilée et cachée
et soudaine les plis de l'eau la mer

qui penche et qui descend

On démonta la peau on bougea l'étincelle et cette
balle au front qu'il nous faut partager
avec d'autres sourciers

C'est l'heure que l'on broie c'est le
sentier des reins qui brise le regard et noue d'autres
semeurs aux algues déchirées

Bruissant encor dans le ressac
l'épais du feu marque le pas avant de pavoiser
les tendres galaxies

avant de s'inventer
une brouette au cœur

(*Le Chant des épidermes*)

GÉRARD LE GOUIC
né en 1936

ICI

Ici
quand la mer se retire
on reste sans force
on se sent tout à coup vieillir
et prisonnier de l'île
comme d'un coffre.

Ici
les îliens vivent
l'horizon à hauteur du cœur,
des blessures de mer dans les mains.

Ici
le jour devance la montée du soleil
comme si la lumière
était un brouillard de mer
ou les franges de l'île.

Ici
la mer en hiver
s'habille en bretonne :
de velours noir
de blanches dentelles.

Ici
le sel et la lumière
la mer, les phares, le temps
plaquent l'île au ras du ciel.

Ici
l'île ni le temps
n'entament l'océan.

Ici
tout se superpose :
la mer, le ciel,
le cercle à plat du soleil,
les nuages et l'écume autour des rochers
le sel
seule l'île déchire.

Ici
l'envers du vent
se lit dans la mer
seule l'île
est sans miroir ni contraire.

Ici
le flou des grèves et des vagues
est le plus saisissable.

Ici
tout prend forme d'île
même la mouette en vol.

Ici
les couches d'écume s'empilent
comme des draps pliés.
On dirait que le sable
se glisse sous l'eau.
Les vagues ont hauteur de talus,
les cargos sur l'horizon
prennent allure de cathédrale.

Ici
la mer se déverse dans la mer,
la mer s'escalade sans cesse
jusqu'à dresser une montagne
que surmonte l'île
comme sa chair éternelle.

(*Poème de l'île et du sel*)

JEAN ORIZET
né en 1937

PORTULAN

à Claudine Le Breton

Portulan. Ces trois syllabes de rêve salé faisaient surgir des caravelles encalminées sur la mer des Sargasses, des galions égarés entre Hispaniola et San Salvador.

À contempler, dans les musées navals de Gênes ou de Venise, ces cartes floues de mystère, enluminées d'imprécision, balafrées de routes aux pavés de vagues, piquetées de récifs, zébrées de courants, poinçonnées de feux, combien de fois me suis-je laissé emporter sur des vaisseaux dont les noms mêmes étaient paroles d'aventures : caraques, galiotes, frégates, schooners, corvettes, brigantins, goélettes, clippers.

Je faisais voile vers des îles connues de moi seul, où je serais proclamé roi des fourmis et des crabes, empereur des tortues de mer... à moins qu'un chef anthropophage n'ait décidé de m'y croquer.

(*Inédit*)

MARC ALYN
né en 1937

LA MER EST LÀ AUX PORTES

La mer est là aux portes : houle vivante qui pétrit la
  lumière
Route vivante ouvrant sur l'univers.
Partout des voiles des cordages des filets emmêlés
  au ciel.
Toute la mer est là docile entre les paumes
  de la Ville.
Byblos invention de la mer à son tour l'invente
  l'enfante
Et son peuple à la vague ressemble : toujours à
  bouger à bondir
Sur l'espace et sur l'avenir
Tandis que ses profondeurs abyssales
Grouillent de pieuvres et de squales.

Au bout de la jetée dorée par le couchant
Je regarde un pêcheur évoquant Neptune avec sa
  barbe et son trident.
Dressé à la verticale de l'eau il lève son arme
Et la clarté en mouvement paraît teinter de sang
Le trident qui s'abat et
        dans le même instant
Remonte vers le ciel un grand poisson-voyant
Qui se tord en étincelant.
Moment privilégié à marquer d'un coquillage blanc
Où le monde et le temps par désir se mélangent
– Maintenant le vieux dieu rit de toutes ses dents
Au soleil à croquer qui luit comme une orange.

LA TERRE PROMISE SERA TENUE

La terre promise sera tenue.
Mais il nous faut toute la Terre et toute la lyre
du ciel :
Jonas Icare et compagnie
Aphrodite née près d'ici
Et Ulysse dont le désir n'a cessé d'odysser
Sur son rêve d'écume aux longs muscles de sel :
La mer telle une chair fabuleuse qui glisse
Hors des pièges de la durée entre souffrance et
volupté.

Nous voulons dérouler le tapis de l'espace aux motifs
étoilés
Pour déchiffrer enfin le message caché
Car l'univers est Livre tout entier
Et notre mission consiste à rendre la divinité elle-
même intelligible
À travers les signes du créé.

Partir ! Le monde est là au bord du bleu.
Nos figures de proue dans l'air iodé se lavent.
Chaque vague sera labourée par le soc de nos
étraves.

Que la folie nous guide
aveugles
Sur les chemins d'exode et d'exil !

Nous voulons posséder non le sol réel mais ces îles
plus belles d'être imaginées

Pareilles aux fruits qui lentement mûrissent dans les
vergers de Dieu.

Ô terre d'eau d'air et de feu :
Notre Terre qui êtes aux cieux !

(*Byblos*)

JEAN-MARIE GILORY

né en 1941

SPÉCULATION

Et toutes mers venaient s'allonger sous nos caps,
et tour à tour du monde,
un trop fort tirant d'air ou d'eau
venait buter aux bord de ports impropriés.

Et bâbord à quai, cap amont,
nous côtoyaient les peuples de tous crins,
les virées de tous bords ;
et nous clignaient
de leur œil maquillé d'accent d'ailleurs
très lentes filles des estuaires,
seuls amers à se remarquer
en ces confins de grasses eaux.

Et s'empilaient en notre bord,
enfumés de hâtes maladroites et desséchées,
les grains si mal vannés de ces sols ignorés,
traînant en creux d'aisselle et d'auréole
un suint de suées insuffisamment impayées.

Ayant largué l'odeur des récoltes de peine,
évité cap aval allant avaler mers,
repartions vers ailleurs,
traîner nos marques d'hommes ennoyées,
essorant du revers des brises du dehors
le faux embrun jeté des lances des lavages obligés
de tout cela
dont j'ose encore un peu me souvenir.

(*Sonnailles océanes*)

YANN QUEFFÉLEC
né en 1950

LOF

Mon Dieu ne ferme pas
L'océan sur mes pas.

Toi qui m'as pris vivant
sur la grève et bagué
pour être des tiens,
Ne brise pas le songe
allaitant ma voix

Ma mémoire à ton nom
se réveille blessure
Et la nuit peut bercer
Mon ombre de gisant !

Ce sont toujours nos cris perdus entre les murs,
Hôpital ou prison, ce sont nos cris d'humains
disloqués, battus, fous, nos humbles cris d'enfant
qui maintiennent les clous étoilés sur ta croix.

Combien d'éternités pour trouver ta mesure
Et combien de douleurs pour n'être plus que toi.

Sauve-nous il est temps.

(*Inédit*)

YVON LE MEN
né en 1953

PARTIR

Partir
S'il vient sauras-tu le prendre le navire annoncé par les cinq océans
Sauras-tu éviter les vagues qui viennent mordre le rivage
L'écume dans la gueule blanche à faire reculer la nuit
Pour que le jour ne s'achève jamais
Pour que tu ne te reposes plus
Il y a tant à faire sous le soleil

S'il vient sauras-tu l'ennoblir ce bateau
Décroche un croissant de lune
Et voici une coque longue et fine comme une goélette
Taille quelques rayons de soleil
Et voilà un fier trois-mâts qui relève la tête
Saisis une étoile filante en vol
Et tiens bon la barre aux cinq épines de lumière
Déchire la queue d'une comète
Et mets toutes voiles de feu dehors

Vers le Nord
Au pays des couleurs bleues où la neige est blanche
Où les troupeaux de rennes traversent les vallées qui descendent dans les fjords
Nous donnant la mer à la bouche
Vers le Nord où vagabondent les poésies
Qui nous entraînent dans les pays du beau et du bon

Pars comme se baladait le nain sur l'oie sauvage
Tu prendras le premier oiseau qui dépliera ses ailes devant ta maison
Ses plumes racontent que dans le froid il y a une odeur de cheminée
Une main qui désire la tienne
Des moufles en laine de toutes les couleurs qui galopent sur la prairie

Écoute le chant des bâtisseurs de cathédrales
Leurs voix maçonnent des fenêtres dans nos cœurs
Leurs mains nous montrent les épaves des châteaux de sable
S'agenouillant à la marée
Implorant la princesse à la robe d'écume
Pour qu'elle revienne du nouveau monde
Nous raconter des histoires à dormir debout contre la vie

(*À l'entrée du jour*)

CHRISTINE GUÉNANTEN
née en 1958

LA VAGUE

– Où allez-vous, vague profonde ?
Visage vert, œil de corail
Aveugle fou que l'infini assaille.

– Que traînez-vous sur votre épaule ?
Un bateau cimetière, un silence
Le corps cuivré d'un poisson mort.

– Que chantez-vous, belle lumière ?
Livre nouveau du Dieu Neptune
Écriture du vent qui attend une voile.

Voilà la joie, la douce terre
Là-bas, la vie est éternelle.

– D'où venez-vous, vague profonde ?
Esprit transparent, voyageur
Nomade ignorant la demeure
Immobile des tombes.

– Je vais où le vent me fait signe
Libre de séjourner dans le jeu des nuages
Dans la neige des ailes
Dans le tourbillon blanc des goélands sauvages.

Je sais une source, un sourire
Un sentier, un secret, un royaume à soleil.

(*Un ange à la fenêtre*)

TABLE

INDEX ALPHABÉTIQUE

REMERCIEMENTS

Nous remercions Messieurs les auteurs, ayants-droit et éditeurs qui nous ont autorisés à reproduire les textes ou fragments de textes dont ils conservent l'entier copyright, soit pour la version française, soit pour la traduction.

LES AUTEURS

Pierre BÉARN, « Fuir ! »...

Théophile BRIANT, « Nuit océane », extrait de *Poèmes* (Rennes, éditions de la Table Ronde).

Jean CHATARD, « De voiles et de cris », extrait de *Le Chant des épidermes* (éditions du Soleil Natal, 8 bis rue Lavoisier, 91580, Étréchy).

Anita CONTI, « Cimetières de navires-goélettes », inédit.

Madame Françoise GRALL pour « Les marins » de Xavier GRALL, extrait de *La Sône des pluies et des tombes* (Quimper, éditions Calligramme, 1976).

Christine GUÉNANTEN, « La vague », extrait de *Un ange à sa fenêtre* (éd. Subervie, 1991).

Per Jakez HELIAS, « Branle », 1, 2 et 3, extraits de *D'un autre monde* (éditions Ouest-France).

Mme LE CUNFF pour Louis LE CUNFF, « Naufrage », extrait de *La Ville exsangue*, (éditions du Goéland).

Jean-Yves LE GUEN, « Jailli de la mer », inédit.

Gérard LE GOUIC, « Ici », extrait de *Poème de l'île et du sel*, Quimper, éd. Telen Arvor, 1977.

Jean ORIZET, « Portulan », inédit.

Pierre OSENAT, « Sur le ponton des en allés », extrait de *Elles et eux* (Jean Grassin, 1987)

Antony LHÉRITIER, « Épaves » et « Par-dessus bord », extraits de *Des îles de silence* (Nature et Bretagne, 1984)

Yann QUEFFÉLEC, « Lof », inédit.

Henri QUEFFÉLEC, « Veille », « Crépuscule » et « Port », extraits de *Sur la lisière*, 1936, à reparaître aux éditions La Vague à l'âme.

Jacques RAPHAËL-LEYGUES, « Il fait bon sur la mer », fragment, extrait de *Retour de mer* (éditions Firmin-Didot).

Jean-Claude RENARD, « Chant de la mer », extrait de *Cantiques pour des pays perdus* (éd. Robert Laffont, 1947).

Hervé ROY, « Mer bretonne », extrait de *Les Ombres et les nombres*.

Mme Colette SEGHERS, pour « Le nègre Bungalow » de Pierre SEGHERS, « Le Domaine public », in *Le Temps des merveilles* (éditions Seghers, 1978).

LES ÉDITEURS

ALBIN MICHEL © réservé pour :

Charles LE QUINTREC, « Il me souvient du vieux pays », fragment, extrait de *Stances du verbe amour*, 1966 ; et « Notre mer », extrait de *Jeunesse de Dieu*, 1992.

Robert SABATIER, « Les crimes de la mer », extrait de *L'Oiseau de demain*, 1981.

CARACTÈRES © réservé pour :

Nadine LEFÉBURE, « En vue de partance », extrait de *Sources de la mer*.

LE CHERCHE-MIDI ÉDITEUR © réservé pour :

Jules VERNE, « Chanson de gabiers », fragment, extrait de *Poésies inédites*, 1989.

José CORTI © réservé pour :

Louis GUILLAUME, « Cris de sable », extrait de *Fortune de vent*, 1964.

DENOËL © réservé pour :

Blaise CENDRARS, « Îles », Sillage », « L'équateur », « Bahia » et « Porto Leixoes », extraits de « Feuilles de route », in *Du monde entier au cœur du monde*.

LIBRAIRIE DROZ-MINARD © réservé pour :

Jean PARMENTIER, « Les merveilles de la mer », poèmes XVI, XVII et XVIII, extraits des *Œuvres poétiques*.

BIBLIOTHÈQUE ELZÉVIRIENNE © réservé pour :

Mellin de SAINT-GELAIS, treizain « Par l'ample mer », extrait des *Œuvres poétiques complètes*, édition de Paul Daffis.

FATA MORGANA © réservé pour :

Louis BRAUQUIER, « La vie est une aventure » et « L'épuisant après-midi », extraits de *Et l'au-delà de Suez*.

FLAMMARION © réservé pour :

Fernand GREGH, « Marine », extrait de *Les Couleurs de la vie*.

Yvon LE MEN, « Partir », extrait de *À l'entrée du jour*, 1984.

NORGE, « La mer », extrait de *Les Oignons*, 1969.

Pierre REVERDY, « Forte mer », extrait de « Cravates de chanvre », in *Plupart du temps*, 1967.

GALLIMARD © réservé pour :

Guillaume APOLLINAIRE, « L'émigrant de Landor Road », extrait d'*Alcools*, in *Œuvres poétiques*, Pléiade, 1965.

Antonin ARTAUD, « Le navire mystique », in « Premiers Poèmes », in *Œuvres complètes*, tome I, 1956.

Paul CLAUDEL, « Ballade », extrait de *Feuilles de Saints*, 1925.

Jean COCTEAU, « Le printemps au fond de la mer », extrait de *Poésie 1916-1923*.

Paul ÉLUARD, « Marines », I, II, III, IV, V et VI, extraits de *Le Livre ouvert*, tome II, 1947.

Luc ESTANG, « Départ », extrait de *Les Quatre Éléments*, 1956.

Léon-Paul FARGUE, « Kiosques », extrait de « Ludions », in *Poésies* (Poésies/Gallimard, 1967).

Eugène GUILLEVIC, « Carnac », fragments de ce poème extraits de *Carnac*, 1961.

Valery LARBAUD, « Océan Indien » et « Un minuit en mer », fragment du chapitre « Europe » I, tous deux extraits de *Les Poésies d'A.O. Barnabooth*, 1948.

Patrice de LA TOUR DU PIN, « En eau profonde », extrait de *Petit Théâtre crépusculaire*, 1963.

Jacques PRÉVERT, « Le gardien du phare », extrait de *Histoires*, 1963.

Raymond QUENEAU, « Je n'ai donc pu rêver », extrait de *Chêne et chien*, 1952.

Claude ROY, « Lieder de la mer qui s'ennuie », extrait de *Poésies*, 1970.

Saint-John PERSE, « Et vous, mers », poèmes 3 et 4, extraits de *Amers*, 1957.

Jules SUPERVIELLE, « Départ », et « Sous le large », extraits de *Gravitations*, 1925, repris dans *Gravitations*, précédé de *Débarcadères*, Poésie/Gallimard, 1966 ; et « La mer proche », extrait de *Oublieuse Mémoire*, 1949.

Paul VALÉRY, « Le cimetière marin », extrait de *Charmes*, 1922, repris dans *Poésies* (Poésie/Gallimard, 1969).

GRASSET © réservé pour :

Jean de LA VILLE DE MIRMONT, poèmes I, II et V, extraits de *L'Horizon chimérique*.

Philippe SOUPAULT, « Le pirate », in « Georgia », repris dans *Poèmes et poésies*.

JEAN GRASSIN Éditeur, Paris-Carnac © réservé pour :

NORGE, « Versets pour la mer », in anthologie *Poèmes et contes de la mer*.

L'HARMATTAN © réservé pour :

Marc ALYN, « La mer est là aux portes », et « La terre promise sera tenue », extraits de *Byblos*, 1992.

MERCURE DE FRANCE © réservé pour :

Max ELSKAMP, « Étoile de la mer », extrait de « Salutations dont d'angéliques », in *La Louange de la vie*, 1933.

Henri de RÉGNIER, « Il est un port », extrait de *Tel qu'en songe*.

ÉDITIONS MUSICALES © réservé pour :

Georges BRASSENS, « Supplique pour être enterré à la plage de Sète », paroles et musiques de Georges Brassens © 1966 by Éditions Musicales 1957.

LA RENAISSANCE DU LIVRE (Bruxelles) © réservé pour :

Maurice MAETERLINCK, « Cloche à plongeur », extrait de « Serres chaudes », in *Poésies complètes*, 1965.

ROUGERIE © réservé pour :

Saint-Pol ROUX, « Prière à l'Océan », extraits, in *L'Ancienne à la coiffe innombrable*, repris dans *Glorifications*, vers et prose 1914-1930, éd. Rougerie, 1992.

SAINT-GERMAIN-DES-PRÉS/LE MILIEU DU JOUR © réservé pour :

Jean-Marie GILORY, « Spéculation », extrait de *Sonnailles océanes*, 1991.

SEGHERS © réservé pour :

Louis ARAGON, « L'escale », in *Les Yeux d'Elsa*, 1942.

René Guy CADOU, « L'aventure marine », extrait de « Poésie la vie entière », in *Œuvres poétiques complètes*, tome I, 1973.

Loÿs MASSON, « Le voilier Nord », extrait de *Délivrez-nous du mal*, 1942.

Philippe de THAUN, « La Sirène », adaptation de Paul ÉLUARD dans son *Anthologie vivante de la poésie du passé*.

Marcel THIRY, « Toi qui pâlis au nom de Vancouver » et « Parce qu'un remorqueur brame », extraits de *Toi qui pâlis au nom de Vancouver*, 1975.

Angèle VANNIER, « Je suis née de la mer », extrait de « L'Arbre à feu » repris dans *Choix de poèmes*, 1961.

LE SEUIL © réservé pour :

Édouard GLISSANT, « Océan », extrait de *Les Indes, Un champ d'îles et la Terre inquiète*, 1963.

ÉDITIONS ANDRÉ SILVAIRE © réservé pour :

O.V. de L. MILOSZ, « La Mer », extrait de « Les Éléments », in *Poésies II*.

Malgré nos efforts, nous n'avons pu authentifier les ayants droits de certains textes – entre autres ceux de Luc Durtain, José Gers et Guy Lavaud ; nous leur demandons de bien vouloir prendre contact avec nous, afin que nous puissions combler des lacunes dont nous les prions de nous excuser.

LA COLLECTION « ESPACES »
CHEZ LE MÊME ÉDITEUR

Les Poètes de la Grande Guerre, choisis par Jacques Béal.
Les Cents Plus Beaux Poèmes du monde, choisis par Alain Bosquet.
Anthologie de la poésie française contemporaine, Les trente dernières années, poèmes choisis par Alain Bosquet.
Les Plus Beaux Mots d'amour, choisis par Jean Breton.
La Mort et ses poètes, poèmes choisis par André Chabot.
Chagrin d'amour, Poèmes de l'amour triste, choisis par Luc Decaunes.
Poèmes de femmes des origines à nos jours, choisis par Régine Deforges.
De la poésie comme exercice spirituel, réédition intégrale du numéro célèbre de la revue « Fontaine », dirigée par Max-Pol Fouchet.
Les Plus Beaux Poèmes d'amour, choisis par André Giovanni.
Les Plus Beaux Poèmes du bonheur, choisis par André Giovanni.
Les Plus Beaux Poèmes sur la femme, choisis par André Giovanni.
Célébration du cheval, textes et poèmes choisis par Jean-Louis Gouraud.
Les Plus Beaux Poèmes romantiques, choisis par Philippe Héraclès.
Les Plus Beaux Poèmes sur la montagne, choisis par Georges Jean.
Les Plus Beaux Poèmes sur la mer, choisis par Yves La Prairie.
Les Transports poétiques, poèmes choisis par Bernard Lorraine.
Trésors des épigrammes satiriques, choisis par Bernard Lorraine.
Les Poètes et l'univers, poèmes choisis par Jean-Pierre Luminet.
Cent Poèmes pour l'écologie, choisis par René Maltête.
Cent Poèmes pour la paix, choisis par René Maltête.
Poèmes et Récits d'Afrique noire, du Maghreb, de l'océan Indien et des Antilles, choisis par Édouard J. Maunick.
Les Cent Plus Beaux Chants de la terre, choisis par Claude Michelet.
Les Poètes et le rire, choisis par Jean Orizet.
Les Plus Beaux Poèmes pour les enfants, choisis par Jean Orizet.
Lex Cent Plus Beaux Poèmes de la langue française, choisis par Jean Orizet.
Les Cent Plus Beaux textes sur le vin, choisis par Louis et Jean Orizet.
Le Ciel et ses poètes, poèmes choisis par Edmond Petit, préface de Jules Roy.
Cent Poèmes pour la liberté, en collaboration avec Amnesty International, choisis par Ahmed ben Othman et Jean-Pierre Darmon.
Cent Poèmes contre le racisme, en collaboration avec la Ligue des droits de l'homme, choisis par Claire Etcherelli, Gilles Manceron, Bernard Wallon, préface de Elie Wiesel.
Poèmes sur le temps qui passe, choisis par Michel Allard.

REVUE

Poésie 1/Vagabondages
Revue trimestrielle d'information et d'expression poétiques.
Direction Marcel Jullian et Jean Orizet.

Imprimé en France par la Société Nouvelle Firmin-Didot
Dépôt légal : avril 1993
N° d'édition : 276 - N° d'impression : 50943
ISBN : 2-86274-276-7